D1078988

EN TOUTES LETTRES

Montréal, le 20 février 2014

*À Francine, complice de notre
petit groupe de "Belges" du
[...] ! Je te souhaite
le meilleur et de venir me
dire bonjour à [...]...
Bien amicalement*

Marie-Claude

Marie-Claude Hansenne

En toutes lettres

Roman

Collection ertiges

Les Éditions
L'Interligne

Catalogage avant publication de Bibliothèque et Archives Canada

Hansenne, Marie-Claude, auteure
    En toutes lettres : roman / Marie-Claude Hansenne.

(Collection « Vertiges »)
Publié en formats imprimé(s) et électronique(s).
ISBN 978-2-923274-85-0 (couverture souple).
ISBN 978-2-89699-032-0 (pdf).--ISBN 978-2-89699-033-7 (epub)

    I. Titre. II. Collection : Collection « Vertiges »

PQ2708.A67E64 2014   843'.92   C2013-907267-5
                                                 C2013-907268-3

Les Éditions L'Interligne
261, chemin de Montréal, bureau 310
Ottawa (Ontario) K1L 8C7
Tél. : 613 748-0850 / Téléc. : 613 748-0852
Adresse courriel : commercialisation@interligne.ca
www.interligne.ca

Distribution : Diffusion Prologue inc.

ISBN : 978-2-923274-85-0

Ce livre est dédié aux femmes de ma vie, Vanessa ma fille,
Nanou ma sœur, mais aussi toutes ces amies
dont l'amitié me fut indéfectible.

Un remerciement tout particulier à des amis de longue date qui ont
soutenu ce projet, Jill Capri, Gilberte Landry-Boivin, Lise Chicoine,
Claire Thivierge et mon complice en écriture,
Martin Lebarbé, ainsi qu'à Michèle Matteau,
pour sa clairvoyance, sa générosité
et ses excellents conseils.

LETTRE À UNE ÉMIGRÉE DE L'INTÉRIEUR

CHÈRE MARIE-CLAUDE,

Nous nous sommes brièvement connues, au terme d'un projet sur lequel nous avons travaillé ensemble. Trop brièvement, comme toutes les rencontres qu'on voudrait voir se prolonger. J'ai enseigné à ta fille la belle Vanessa, elle a travaillé sur un de mes films. C'était un peu une façon d'être toujours en contact avec toi.

Et puis voilà que ce livre que tu as écrit parvient jusqu'à moi. Quelle belle façon de renouer cette amitié, à travers ces confidences à la fois réelles et fictives que tu partages avec les êtres qui ont compté dans ta vie.

Je connaissais peu de choses de ta vie personnelle, du moins de l'intérieur. Bien sûr, la naissance au Congo, le premier déchirement, le deuxième, les patries successives où tu as cherché à faire ton nid. Ces quelques notes biographiques mises à part, le Congo, la Belgique, le Québec, je ne savais pas que tu allais les fondre dans le creuset de la littérature et nous offrir ces lettres du déracinement et de la gratitude.

Bien sûr, et c'est la tragédie de l'immigrant, on ne soupçonne pas ce qu'il faut de courage, ce qu'il faut de foi en la vie et de détermination pour s'arracher à un passé qui nous définit et se refaire une identité ailleurs, sans autre repère que son désir d'avenir.

On ne soupçonne pas non plus les blessures, les déceptions, les désenchantements, les victoires aussi, les petites réussites, la lente mutation qui s'opère au fil des années et qui trouve son aboutissement dans la deuxième, parfois la troisième génération.

~

Ces lettres intimes, généreuses, pleines de soleil et de vie, et aussi de souffrances, je les ai lues avec un plaisir double; un premier plaisir littéraire, celui d'une prose fine, précise, colorée, intimiste et vaste à la fois, qui cherche au delà de l'anecdote la vérité de l'expérience et un deuxième plaisir, personnel celui-là, celui d'entendre une voix qui s'était tue pour moi et que je retrouve toujours aussi vive, toujours aussi ardente, toujours aussi furieuse aussi, furieuse du désir de vivre et de partager.

~

Lettres de fiction, dis-tu. Mais ancrées au plus près de ta réalité, et qui parviennent à nous séduire et à dresser le portrait d'une émigrée de l'intérieur. Ce n'est pas la moindre de tes réussites, que d'avoir atteint, à travers l'infime particulier d'une correspondance inventée, le grand universel de l'expérience humaine.

Je souhaite donc renouveler mon plaisir de lecture et j'attends avec impatience d'autres lettres, d'autres écrits, pour retrouver le plaisir de t'avoir connue.

Avec toute mon affection,

Micheline Lanctôt

Je sais que ma naissance est un hasard, un accident risible et, cependant, dès que je m'oublie, je me comporte comme si elle était un événement capital, indispensable à la marche et à l'équilibre du monde.

Cioran, *De l'inconvénient d'être né*,
Paris, Gallimard, 1973. p. 12

Préambule

Je regarde les clichés que m'a laissés le médecin dans le but, non avoué, de me convaincre d'accepter l'opération. Le fond noir dessine le squelette par transparence. Contraste : le noir et le translucide, qu'est-ce qui est réel ? Ma vie se résume-t-elle à cela ? Je cours au miroir de la salle de bain, ce miroir qui m'a si souvent vue qu'il ne me parle presque plus. J'avoue que je ne lui pose plus la question rituelle : « Miroir, gentil miroir, dans cette grande ville du nord, qui est la fille la plus *schune*[1] ? »

Tout a changé à cause de ces maudits clichés et la question est devenue : « Miroir, gentil miroir, dis-moi qui je suis au bout du chemin qui fut le mien ? »

Le visage qui se reflète là, est-ce vraiment le mien ? Je n'y reconnais pas la petite sauvageonne africaine, ni la jeune femme européenne ambitieuse, ni l'immigrante pleine d'espoir.

Au moment où la vie me rappelle à l'ordre, je ne sais plus qui je suis, car s'il est sans doute vrai que je suis un être unique, je suis aussi un être mutable, résultat de l'alchimie et des influences de ceux et celles qui ont traversé mon existence. Chacun a laissé sur ma peau une écaille qui,

---

1 - *Jolie* en bruxellois qui est un mélange de français et de flamand

juxtaposée aux autres, m'a fabriqué une sorte de peau de poisson, alors que la chair s'est façonnée au goût de chaque continent qui m'a bercée.

L'Afrique d'abord, si vaste que seul le rêve d'un enfant pouvait en faire le tour. L'Europe ensuite, ordonnée, rigoureuse, cultivée et certaine de sa supériorité. Enfin, l'Amérique qui m'a offert un miracle de quintessence : terre française, mode de vie américain, vision cosmopolite du monde...

Alors, pas à pas, lettre par lettre, j'ai remonté le fil d'une existence qui, si elle m'est propre, est aussi le maillon qui me lie, non seulement à une famille, mais à l'humanité. Au-delà du squelette et de la chair, je découvre l'amour, la tendresse, l'amitié, l'espoir et leur inévitable contrepartie : la dureté, l'indifférence, l'inconscience, la haine. Les deux plateaux de la balance sont maintenus par ce merveilleux point d'équilibre, le fléau. *Fléau*. Ce mot comporte bien toutes les contradictions humaines, puisqu'il veut dire aussi bien *joug* que *désastre*. L'amour et la haine tenus en équilibre par le fléau, quelle belle définition de l'existence humaine !

∾

Personne ne recevra ces lettres. Alors, pourquoi les avoir écrites ? Que font les amoureux timides ou repoussés ? Ils écrivent les plus belles lettres d'amour qui soient à celui ou celle qui ne les lira jamais. Ils fixent ainsi leur passion, lui donnant un sens, une existence tangible pour transcender les vicissitudes, le désespoir.

Ainsi en est-il désormais pour moi. Par ces lettres, je dis merci à la vie pour m'avoir dévoilé son secret : chaque événement, chaque décision, chaque être rencontré laissent en nous une impression qui, avec le temps, donne ce cliché universel, l'humain que nous sommes. Le secret est dans le temps. Pour en profiter pleinement, il faut savoir être en éveil à chaque instant.

L'autobiographie du poète chilien Pablo Neruda s'intitule *J'avoue que j'ai vécu*. Y a-t-il plus beau constat à faire au moment de tirer sa révérence?

CONGO, LE FLEUVE ET LA COLONIE

LÉOPOLD II, ROI DES BELGES, acheta le Congo comme bien personnel à la fin du XIXᵉ siècle. Lorsque cette immense cuvette bouillante au cœur de l'Afrique commença à lui coûter trop cher, il la donna à la Belgique qui devenait ainsi, sans le vouloir, propriétaire d'un territoire 80 fois plus grand qu'elle…

Voilà pourquoi, lorsque mes parents décidèrent de partir « aux colonies », le bébé que j'étais débarqua un jour, au fin fond de cette terre luxuriante et gardée au chaud par un vaste micro-ondes solaire.

Les Congolais n'ayant jamais vu de bébé blanc, ni probablement rien d'autre qu'un missionnaire ou une bonne sœur, je devins rapidement la coqueluche de notre village. Il avait suffi de quelques jours de bateau et de voiture pour que je devienne la reine incontestée d'un terrain de jeux quasi illimité et d'une famille plus qu'élargie. Comment ne pas trouver le bonheur au milieu des jardins débordants de fleurs colorées, des animaux familiers et sauvages, guidée par des mains sombres et attentives, toujours caressantes sur la peau de l'enfant blanc?

Dans l'innocence et la naïveté des débuts de la vie, je n'avais pas encore conscience que je régnais tel un enfant-roi sur des sujets qui m'avaient donné, de prime abord, leur tendresse inconditionnelle.

Depuis, il y a eu le passage de l'histoire. Une indépendance accordée de mauvaise foi, des insurrections, des massacres. Le Congo est devenu Zaïre puis République démocratique du Congo. Pourtant, chaque fois que je raconte un peu de cette enfance bénie à un Congolais, il me dit toujours que, dans le fond, je fais partie de sa famille ! Malgré les guerres, le génocide rwandais, les enfants-soldats, je ne connais pas de peuples plus ouverts et tolérants que les peuples africains…

Lettre à une intruse

Ma vie était superbe, confortable, organisée. Un rêve de vie jusqu'à ce qu'on m'annonce ton arrivée.

J'avais déjà eu le soupçon que les problèmes n'étaient pas loin quand j'ai vu ma mère devenir énorme et s'aliter. Mais sa présence n'influait guère sur mon existence, je n'en ai donc pas fait un drame... Pour que je sois bien, il suffisait qu'Agnès, ma nounou, ma mère congolaise, soit le centre de mon existence et que les domestiques qui peuplaient mon royaume subissent avec bienveillance ma jeune tyrannie.

Je ne voyais guère plus souvent mon père. Il se levait tôt, partait rejoindre son bureau de *bwana*², administrateur machin-chouette de ce coin de colonie édifié à la gloire de la minuscule Belgique, et il revenait le soir. Parfois, il partait en brousse pour plusieurs jours.

Donc, nantie d'un père semi-absent, d'une mère dirigeant de loin l'intendance familiale, je régnais inconditionnellement sur une vaste maison entourée d'une immense *barza*³ et d'un jardin débordant de fleurs, de plantes tropicales, de manguiers, d'avocatiers en pagaille. Il y avait aussi un mini-zoo où

---

2 - Monsieur, homme
3 - Terrasse

vivaient chiens, chats, poules, canards, pigeons, perroquets, quelquefois des singes et mon inséparable copine : la genette. Ce petit animal, mélange de furet et de chat, participait à mes nombreux jeux ou dormait sur mon épaule.

Mes compagnons de jeux étaient parfois les enfants des domestiques, logés dans de simples maisons en pisé, d'une ou deux pièces, à l'arrière de la propriété. Il me semble cependant que j'affectionnais surtout les moments de solitude où je suivais les allées et venues d'une terrible fourmi rouge, la course au soleil des lézards ou le combat de deux scarabées rhinocéros que j'avais mis en présence.

∾

Tu mis fin à tout cela par une journée de tornade, à midi, en venant au monde !

Tu bouleversas à jamais une vie que je m'étais patiemment concoctée...

Dès que je t'ai vue, recroquevillée, mauve, fripée et... chauve, j'ai su que les parents s'étaient fait refiler un vieux bébé ! La cigogne avait dû se tromper lourdement ou alors le chou qui t'avait fabriquée était empoisonné, de mauvaise qualité, que sais-je ?

Tu ressemblais à un bébé potto[4], sans poils. Se pouvait-il d'être aussi laide ? Wouach ! Beûrkkk ! Ne pouvait-on renvoyer cette horreur d'où elle venait ?

Est-ce l'aveuglement parental ? Est-ce ta volonté inébranlable de t'incruster dans notre existence ? Peu à peu, tu as envahi notre espace et fait de mon paradis un cauchemar...

Tu m'as d'abord piqué Agnès, le phare de mon bien-être, ma pourvoyeuse de câlins, de jeux, de promenades. Tu m'as piqué mes sujets qui maintenant couraient à chacun de tes

---

4 - Primate de la famille des lorisidés vivant en Afrique équatoriale

vagissements. Pis que cela, tu m'as enlevé le peu qui me restait de la présence parentale. Le monde entier tournait autour de tes tétées, de tes sécrétions, de tes malaises, de tes sommeils. Tu sentais le lait caillé, l'urine, la défécation... Pourtant, les adultes n'en avaient que pour toi. Il paraît même que tu étais mignonne! Ceux qui disaient cela ne t'avaient certainement pas bien regardée ou vue toute nue...

J'ai patienté un bon mois avant d'être certaine que tu resterais. Tu en avais profité pour grossir à vue d'œil. Pour mieux embobiner la mafia familiale, tu « souriais aux anges » ! Aux anges... une vraie dégueulasse oui, qui me volait *ma* place! Déjà, tu étais devenue inexpugnable. Au point où nous en étions toutes les deux, c'était maintenant *toi ou moi...*

∾

Le jour venu, je fis la valise de ma poupée préférée, je mis la genette sur mon épaule, je me couvris de mon chapeau colonial et je pris, à pied, le chemin du village africain. Comme je ne pouvais plus être la fille adorée du chef blanc, j'allais devenir celle non moins adulée du chef noir. Voilà. Simple, non?

Lettre à un chef de village

Cela fait si longtemps. Tu dois être maintenant aux côtés du grand créateur. Mais, te souviens-tu de mon arrivée dans ton village, cette année où la saison des pluies était si en retard?

Le soleil tapait dur. Ce devait être encore la saison sèche. Celle où l'essentiel de la vie consiste à se mettre à l'ombre des terribles rayons marteaux de l'astre qui vous cuit sur place. Abritée par un gigantesque casque colonial blanc, je trottais sur la route poudreuse de latérite. Le village ne devait pas être très loin pour un adulte, mais pour mes petites jambes alourdies du poids de Françoise, ma poupée et de sa valise, c'était le calvaire!

La rage et l'orgueil jouaient déjà chez moi le rôle de carburant.

Peu importait la transpiration cascadant dans mon dos, peu importait le royaume abandonné, j'allais leur montrer que je n'étais pas une démunie, une moins que rien...

J'arrivai enfin aux premières cases rondes en pisé. À l'ombre des manguiers et de l'arbre de fer, les femmes s'activaient à piler du manioc, à cuisiner sur des feux de bois, à nettoyer les cases avec un court balai de fins branchages. Plusieurs d'entre elles portaient un bébé endormi, attaché dans le dos par une bande de tissu. Dolents, repus, heureux, les petits anges noirs se berçaient aux mouvements ondulants et sensuels du corps de leur mère. Une joyeuse marmaille se chamaillait entre les jambes des femmes, courant, sautant, riant. Les mères jetaient, de temps à autre, un regard de fierté indulgente sur leur progéniture grandissante.

Les enfants étaient la richesse des Congolais et la justification de l'existence des femmes. Les enfants du Congo n'étaient jamais orphelins, ils appartenaient non seulement à leurs parents, mais aussi à la famille, au clan, au village. Ils étaient aimés, protégés et élevés dans les principes moraux du clan.

À trois ans, je parlais mieux le lingala et le swahili que le français. Ma grand-mère s'étonnera, une année plus tard, de la façon dont je parlais en arrondissant les mots, en prononçant é les e et en rabotant les r comme les Africains.

J'étais parfaitement acclimatée à mon environnement, si bien d'ailleurs que la première femme rencontrée m'a tout de suite amenée à ta case de chef.

Je t'ai raconté, avec force détails, mon sort peu enviable au sein de ma famille. Tu m'as écoutée calmement, fumant ta pipe, assis sur un tabouret richement sculpté d'animaux étranges. Nous étions à l'entrée de ta demeure plus vaste que les autres, à l'ombre du toit de feuilles tressées.

Tu me regardais, un sourire aux lèvres. Tu devais te souvenir qu'un an et demi plus tôt, alors que tu offrais une fête aux quelques membres de la communauté blanche du village, j'étais descendue des genoux de ma mère pour entrer dans le cercle des danseurs. Ils scandaient la musique avec des mouvements du corps et de la sagaie qu'ils brandissaient. Je m'étais placée face à un grand jeune homme au visage savamment scarifié. Je suivais ses mouvements, sans me rendre compte que tous les autres danseurs se retiraient doucement. Les musiciens avaient redoublé d'ardeur, le grand jeune homme aussi. La petite fille fascinée tapait du pied, virevoltait, en pleine extase.

Quand la musique s'était tue, ce fut l'ovation...

Les semaines suivantes avaient colporté la façon dont l'enfant dansait avec le fils du chef! Il paraît même qu'elle en avait pratiquement perdu ses langes...

J'avais, bien entendu, oublié cet épisode, il se passe tellement d'événements extraordinaires dans la vie d'un enfant. Mais, d'instinct, à ta façon de me regarder, je savais que j'avais la cote! Je t'ai demandé si je pouvais vivre au village. Tu paraissais ravi. Tu m'assuras que non seulement il n'y avait pas de problèmes, mais que tu serais heureux de m'adopter... Tu devais supputer tout le pouvoir que cela te donnerait sur mon père, l'administrateur, ainsi que la renommée que tu tirerais d'avoir une fille blanche. Aïeyaaïe!

∾

À la maison, les heures passant, Agnès dut signaler ma disparition. Pour une fois, toute la maisonnée se mit à ma recherche. On fouilla mes recoins favoris, notamment la cuisine où Bouma me concoctait de petits plats très anglais que j'aimais particulièrement. Rien. Mère fit chercher Père qui crut d'emblée qu'on s'affolait, une fois de plus, pour des nèfles! Heureusement que les hommes sont là, tout en calme, virilité, organisation. Ils gardent la tête sur les épaules, l'église au milieu du village... village, village? Vous avez dit village?

Accompagné du planton, père monta dans sa rutilante Studebaker au nez pointu.

— Pardon Mama, en allant au marché avec ton ballot sur la tête, tu n'as pas vu une petite fille blanche de trois ans, haute comme ça?

D'interrogation en interrogation, il arriva, au village. C'était la fin du jour. Les hommes rentrés de leurs activités étaient rassemblés avec le chef, sous le vieil arbre protecteur de la tribu. Ils devaient débattre de mon sort. Quant à moi, je jouais avec les enfants, après avoir mangé du riz avec des bananes plantain et des *m'bilas*[5] grillés.

Père arriva au milieu des salamalecs dus à un *bwana* de son rang, pendant que le planton à la chéchia rouge qui l'accompagnait, empêchait les enfants de toucher à la belle auto. En tant que chef, tu offris à Père de s'asseoir sur un tabouret aussi richement sculpté que le tien, signe de ta haute estime, et les palabres reprirent. Ce dut être une belle négociation, car elle dura longtemps. Gênée, j'avais disparu derrière les cases avec mes petits camarades.

Finalement, une femme vint me chercher. Elle apportait avec elle mon casque colonial, ma poupée, ma petite valise. Tout était dit... Suivi des hommes du village, tu nous reconduisis à la voiture. Père promit et jura de bien s'occuper de moi à l'avenir!

Dans l'auto, il me raconta l'inquiétude de la famille. Il dut m'assurer que l'arrivée de petite sœur ne changerait pas mon statut, bien au contraire, puisque j'étais l'aînée, la première, la plus grande, la plus... responsable! Un vrai gestionnaire, mon père!

Le retour de l'enfant terrible fut souligné et fêté, mais pas trop, j'avais déjà la tête assez enflée comme cela...

J'appris de l'aventure que le ciel m'avait octroyé certains pouvoirs et, surtout, qu'il ne faut jamais mettre tous ses œufs dans le même panier!

---

5 - Fruit du palmier d'Afrique subsaharienne

Lettre à une nounou

Tu étais si belle Agnès. Même si c'est un cliché, tu avais la beauté de l'impala dans tes yeux allongés, humides, au regard un peu flou, dans la finesse de tes attaches, dans ta démarche dansante et ton port de tête royal.

Louis, le *boy* de maison, ressemblait à un buffle roux des savanes. Léopold, qui lessivait draps, vêtements, tentures, à longueur de journée, avait l'aspect d'un gnou. Mais toi, l'altière, tu étais une gazelle.

Ton mari, Bouma, cuisinait pour nous, la famille blanche aux goûts fades de l'Europe. Il était doux comme une mère, malgré le sourire de crocodile que lui donnaient ses dents limées à l'adolescence. Il semblerait que sa tribu gardait ainsi le souvenir glorieux de son passé cannibale! Je l'aimais parce qu'il me passait tous mes caprices alimentaires, me cuisait du pain aux formes des animaux de la forêt. Toi, je t'adorais sans doute parce que tu veillais à mes tocades de petite fille du *bwana* blanc. Vous étiez mes parents africains. Bien plus complices, bien plus prévenants que mes géniteurs.

Je me frottais avec délice au grain de ta peau noire. Je m'enroulais dans ton odeur de fruit mûr et j'enfonçais mon visage entre tes seins menus.

Tu partageais ton temps entre ton ménage et moi. Tu m'emmenais souvent au marché, assise sur ta hanche comme si j'étais ton enfant, à la découverte des merveilles de couleurs et d'odeurs dont l'Afrique est si prodigue. Les femmes étalaient sur des nattes, sous des auvents tressés de feuilles de bananiers ou de palmiers, des tomates, des papayes, des avocats, des mangues, des bananes plantain, des cacahuètes, de la *chikwangue*[6], des *m'bilas*[7]... et criaient pour attirer les chalands. Une odeur pestilentielle de poisson séché se mêlait à l'arôme des poulets, les *sossos*[8], qui ne ressemblaient en rien à nos poulets gras et *hormonés*, mais étaient petits, résistants et durs.

Ce jour-là, tu voulais faire une *moambe*[9], le plat de fête au Congo, car un cousin te rendait visite. Tu choisis deux *sossos*, des fruits de palme, les *m'bilas* que tu écraserais dans un grand mortier avec du *pili-pili*[10] pour faire la sauce, du *saka-saka*[11] comme légume, et des bananes plantain à griller que tu servirais sur un lit de riz. Je me pourléchais d'avance devant l'image d'une *moambe*, mais avec de la sauce douce, sans *pili-pili*. La recette consistait à faire cuire pratiquement une journée, dans une casserole posée sur un feu de bois, les sossos récalcitrants dans la sauce onctueuse de *m'bilas*, jusqu'à ce que la viande s'en imprègne tellement qu'elle fonde comme beurre au soleil...

Les courses terminées, j'eus droit à une grosse papaye bien mûre, arrosée de jus de citron vert, que tu m'as fait manger à la cuillère.

---

6 - Pain de manioc
7 - Fruit du palmier d'Afrique subsaharienne
8 - Petits poulets très coriaces
9 - Plat national de poulet cuisant dans une sauce onctueuse faite de fruits de palme écrasés
10 - Piments forts
11 - Feuilles de manioc, sorte d'épinard

Tu me levais le matin, me lavais, m'habillais, veillais sur mes siestes, écoutais tous mes secrets d'enfant avec une patience éternelle. Tu savais consoler l'enfant dont les fourmis rouges avaient dévoré les tortues. Nous mangions des termites grillés à l'huile de palme que tu prétendais être les fourmis coupables du cannibalisme! J'aimais l'idée, je faisais semblant de te croire...

Parfois, quand j'étais trop envahissante, le soir tu me racontais des histoires de démons, de sorciers ou d'animaux d'avant les humains. La peur me clouait aux draps sous ma moustiquaire, je croyais alors voir apparaître des visages maléfiques au cœur des tornades de la saison des pluies.

J'ignorais alors que tu ne pouvais pas avoir d'enfant, que le feu de la culpabilité te détruisait, alimenté par les reproches de ton mari. À quoi sert une femme infertile? Était-ce cela qui donnait du flou à ton regard? Reportais-tu sur moi ces trésors d'affection qu'aurait dû recevoir un petit négrillon souriant et potelé comme ceux que les autres femmes portaient sur leur dos?

Quelques années après la naissance de petite sœur, tu as disparu de ma vie. Je t'ai cherchée, je t'ai attendue, je t'ai espérée, mais tu ne rentrais jamais de ce voyage.

J'appris plus tard que Bouma t'avait répudiée à cause de cet enfant que tu ne pouvais lui donner, qu'il avait déjà une nouvelle femme...

J'avalais ma tristesse pour la première fois. Après tout, tu n'étais qu'une domestique, noire de surcroît! Il fallait s'attendre à ce que tu t'en ailles un jour ou l'autre... Et puis, je n'étais plus un bébé en mal de nounou, c'était trop ridicule de pleurer pour cela! Alors, pourquoi je pleurais?

Des années durant, je t'ai retrouvée dans mes rêves, Agnès. Tu te tenais à l'orée de la forêt, le visage tourné vers moi avec un grand sourire tendre, tu me faisais un signe d'adieu de la main avant que la forêt n'engloutisse à jamais la gracieuse impala au boubou jaune, vert et ocre élégamment entortillé autour d'un bustier.

Les saisons des pluies se sont diluées dans le grand fleuve, Agnès. Tu as dû rejoindre depuis les dieux de tes ancêtres, si proches de ceux des Amérindiens, mes voisins inconnus de cette terre d'Amérique où maintenant je vis. Pourtant ton visage est toujours gravé au fond de mes yeux.

BELGIQUE :
MIJN VADERLAND, MIJN PLATTE LAND
Jacques Brel

LA BELGIQUE, au cœur de l'Europe, n'est pas un vrai pays. C'est un anti-pays. Des morceaux de terre devenus pomme de discorde des empires qui se sont affrontés tout au long de l'histoire européenne. En 1830, les Belges, lassés des quelque 630 conflits qui ravagèrent leur vie depuis la guerre des Gaules menée par Jules César, ainsi que les grandes puissances fatiguées de se déchirer, s'organisèrent pour ramasser du Flamand catholique dont la Hollande calviniste ne voulait pas et du Wallon qui s'obstinait à vouloir parler un vieux français paysan, pour en faire un petit pays tampon sous la férule de Léopold de Saxe-Cobourg, oncle de la reine Victoria d'Angleterre.

Voilà comment naquit cette hérésie qu'est la Belgique. Dans un accès de vision utopique, elle s'est donné comme devise « L'union fait la force », ce que certains humoristes ont caricaturé en « L'union fait la farce », parce que ces deux peuples antagonistes n'ont cessé de se quereller et de se détester cordialement… Cela donne un portrait tragi-comique : cinq paliers de gouvernement, le plus grand pourcentage de fonctionnaires par habitant, une mentalité de petit commerçant cupide — on ne sait jamais de quoi demain sera fait — et aucun sentiment de fierté nationale.

La Belgique est toujours à vendre au plus offrant. C'est une péripatéticienne européenne qui a fait sa fortune sur le dos des peuples africains qu'elle méprise et qui a dilapidé ses avoirs à travers des politiques étriquées, corrompues et souvent racistes.

Pourtant, chaque fois que j'y retourne, j'éprouve un sentiment physique et psychique d'être dans mon élément. Tout me redevient naturel, même respirer y est plus facile. J'y retrouve la musique orchestrée par l'alignement des maisons à loggias tout au long de rues tortueuses. Je m'emplis les oreilles de l'accent grasseyant de Bruxelles, je flâne dans les petits bistrots où quelques amis m'attendent: «Alors la Québécoise, cela te manque l'air du pays!».

Mais, une fois la poche de nostalgie remplie à ras bord, une sorte d'étouffement me fait reprendre le chemin de l'aéroport…

Lettre à une grand-mère

Je devais avoir sept ans. Mes tresses blondes avaient été coupées. J'avais les cheveux aux oreilles, droits, attachés par une barrette du côté gauche. Emmitouflée dans un gros manteau, bottines aux pieds, je donnais la main à une dame. Elle était petite. Elle portait un joli bibi en pointe sur la tête. Un somptueux renard lui tenait le cou au chaud et descendait jusqu'à sa taille rejoindre son bras droit, support d'un sac à main rectangulaire, simple, de bon goût. Le manteau s'arrêtait vingt centimètres sous ses genoux. De jolies chaussures Molière, à talons, complétaient l'ensemble.

Nous marchions dans les allées du parc Josaphat, à Bruxelles. Le photographe avait réussi à capter le sourire paisible, heureux et bon de la dame et celui un peu forcé de l'enfant. Cet agrandissement plaqué dans un encadrement désuet est sans doute la plus ancienne photo que je possède de toi, grand-mère, et de moi, juste après mon retour des pays chauds.

La petite sauvageonne indisciplinée, créative, avait fait place à une petite fille de bonne famille, semblable à des milliers d'autres. Tout en elle était discipliné maintenant : la tête, les vêtements, la gestuelle. Tout était retenu. Est-ce mon imagination? Je découvre toujours un reflet de tristesse dans ses yeux clairs.

Un an plus tôt, après les six mois de vacances qui ponctuaient chaque trois ans leur séjour en Afrique, mes parents sont repartis avec petite sœur, me laissant à tes bons soins sur cette terre de brume, de pluie, de froid à glacer les meilleurs sentiments. Sans mon jardin, sans mes animaux, sans mes parents africains, sans mes amis, ma vie a basculé. Personne n'a écouté mon cœur déchiré. Pour les adultes, un enfant obéit. Cela ne s'écoute pas. « C'est comme ça, puis c'est tout, tu m'entends? »

Pourtant, tu étais douce et tendre. Tu devais pressentir la peine de l'enfant, mais ton désir était plus grand de faire de la petite sauvageonne — certainement délaissée par sa mère-enfant — une petite fille comme il faut, une petite fille qui cadrerait avec le restant de la famille.

Tu n'avais pas tort si mon destin était de quitter le monde de tous les possibles pour m'exiler dans celui de la rigueur, de l'organisation, des lignes droites, il fallait me dépouiller de mes gris-gris.

Comme ton appartement de la rue Cosemans était minuscule, je fus reléguée dans une chambre sous les toits. Chambre de toutes mes terreurs enfantines. La nuit, mes deux mondes s'y affrontaient en des combats titanesques qui me glaçaient jusqu'au matin. Les craquements des poutres, du plancher, les bruits des pigeons se déplaçant sur les tuiles, le froid, l'insondable vide qui me séparait du genre humain me propulsaient, chaque nuit, aux abords de l'enfer. J'essayais désespérément de tuer les monstrueuses apparitions qui exsudaient de ma tête, en me racontant des histoires, en imaginant ma vie à 16 ans, 26 ans, 36 ans, 86 ans! À bout de force, l'instinct de survie étant le plus fort, je descendais dans le noir jusqu'à ta chambre et j'attendais devant ton grand lit de bois sculpté que tu t'aperçoives de ma présence et que tu ouvres les draps au poussin abandonné!

J'ai passé ainsi deux ou trois ans, seule avec toi, dans ce petit appartement sans salle de bain, sans chauffage central. J'ai appris l'école qui me faisait si peur, la grande ville aux mille dangers. J'ai appris la maladie. Comme, en Afrique, mon corps n'avait pas développé d'anticorps aux maladies européennes, elles se sont ruées sur mon jeune organisme pour le manger tout cru!

Avec la patience d'une mère, tu me soignais en me racontant d'interminables histoires pathétiques, comme *Sans famille*, le célèbre roman d'Hector Malot, les histoires de ton enfance, les histoires du siècle passé. Elles ont consolidé longtemps en moi l'idée que la vie était un perpétuel malheur dont on n'échappait que par miracle...

À la sortie de l'école où j'étais trop différente, trop timide aussi pour me faire des amies, mes condisciples croyaient que tu étais ma mère. J'en étais fière. Tu étais si belle, si élégante, si jeune aussi.

Peu à peu, nous avons développé de la complicité et je me persuadais que tu étais vraiment ma mère. Le monde extérieur me faisait peur, l'école me terrorisait. Ils me renvoyaient l'image de ce que je n'étais pas, car j'étais incapable d'apprendre ou de me comporter comme les autres, celles et ceux qui avaient un pays, une famille, des amis, la norme quoi! Je me repliais chaque jour un peu plus autour de mon nombril.

À la maison, c'était tout le contraire. J'adorais m'installer à la table de la cuisine et, durant des heures, découper des images dans de vieux catalogues tout en t'observant vaquer au ménage. Ta présence me rendait la vie. Tu me parlais de *la famille*, la tienne, celle de mon père; de ma mère, il n'était jamais question.

Tu me lavais dans une grande bassine à lessive. Quand j'étais malade l'hiver, je dormais sur le canapé, à la chaleur du poêle à charbon, alors que dans le noir, tu écoutais une pièce de théâtre à la radio. Je faisais semblant de dormir. Je me gavais, moi aussi, des mots, des intrigues, des histoires qui seules me soustrayaient à la réalité de l'école détestée...

Tu m'as appris à aimer et à respecter les livres. Orpheline de mère, cadette d'une famille de trois garçons, tu avais quitté l'école vers 10 ans pour prendre en charge le ménage de ton père veuf. Grâce aux livres, tu étais devenue une autodidacte. Je n'ai jamais plus rencontré un être tel que toi qui pouvait se délecter du cinéma japonais et goûter la littérature russe!

D'esprit joyeux, tu m'avais aussi montré comment faire des blagues, jouer des tours. La salle à manger donnait sur une loggia, au premier étage. Nous nous y installions certains dimanches pluvieux, munies d'une longue ficelle au bout de laquelle tu attachais une pièce de monnaie de 25 centimes trouée. Dès qu'une personne passait, nous laissions tomber derrière elle la piécette qui tintait sur le pavé, puis nous la remontions prestement à l'aide de la ficelle. La personne s'arrêtait aussitôt pour chercher ce qu'elle avait perdu, parfois même à quatre pattes! Cachées derrière les rideaux de la loggia, notre plaisir était indescriptible...

Je pris rapidement goût à ce jeu, mais tu m'interdisais d'exploiter les vieillards et les jeunes enfants.

Tu es la seule personne de la famille à m'avoir aimée, ainsi que petite sœur, pour ce que nous étions, comme nous étions, alors que d'autres détestaient déjà en nous ce qu'ils croyaient voir de notre mère. Nous avons ainsi vécu bien des années entre amour et haine, sans savoir exactement qui nous étions pour qui.

Quand ta fille, Tante Simone, et sa propre fille prendront pratiquement toute la place entre toi, moi et petite sœur, la solitude reviendra m'habiter, mais je saurai qu'en cas de détresse, je pourrai toujours te rejoindre.

Tu fus ma troisième mère, celle de l'époque de l'apprentissage, alliant rigueur et tendresse. Celle qui m'a fait confiance. Celle par qui j'ai appris qu'un enfant, cela se protège comme une jeune plante, cela a besoin d'encouragements, de tendresse, d'un amour infini et gratuit!

Lorsque tu as quitté ce côté-ci de la vie, je vivais une adolescence cahotante entre un père et une mère que je connaissais peu et qui se détruisaient avec hargne. Je crois que je suis passée au travers des mailles du malheur et de la douleur de vivre grâce au bagage que tu m'as légué. Si, plus tard, j'ai tant voulu protéger ma fille de l'influence de la famille, c'est aussi grâce à toi. Loin d'être une honte, la fuite est souvent un acte de courage, un acte de vie...

Les cendres de ton corps t'ont ramenée dans le village de ta naissance. J'aime les cimetières parce que je crois que la mort est un passage comme un autre. La preuve en est que tu vis en moi depuis des décennies, que ma fille, sans le savoir, a appris bien des choses qui me viennent de toi. J'espère un jour, moi aussi, vivre ainsi en elle et en ses enfants, la belle ronde de l'immortalité!

Lettre à une amie d'enfance

Plus de trente ans! Cela fait plus de trente ans que nous nous connaissons. De prime abord, notre amitié est née plutôt des circonstances que d'une véritable affinité. Nous habitions le même village, mi-flamand, mi-francophone, à l'orée de Bruxelles qui n'était pas encore la capitale de l'Europe. Quelques années plus tard, ce village devait connaître un moment de gloire lors de violentes manifestations entre Flamands et francophones parce qu'il était enclavé en territoire flamand… Comme quoi nous avions aussi nos guerres tribales.

Depuis une bonne décennie et demie, nous nous écrivons deux ou trois fois l'an, pour maintenir le contact par delà l'océan, le quotidien, le souvenir.

Tu étais née dans une *famille normale* qui restera une *famille normale*. Je vivais dans une famille de femmes, entre grand-mère, tante, cousine et petite sœur. Les hommes n'y avaient laissé que de mauvais souvenirs : décès, abandon, bigamie… C'était un petit univers clos, ordonné, routinier, sans surprise, sans imagination, mais sécurisant.

Parce que tu étais un peu plus jeune que moi, je t'ai peu connue à l'école primaire. C'était une petite école de quartier qui m'allait comme une seconde peau alors que j'avais détesté la grande école de la ville où j'avais toujours eu l'impression d'être un chimpanzé dans une cage!

Ici, tout le monde se connaissait. Garçons et filles étaient compagnons d'études et de jeux. Je me souviens de mon professeur, monsieur Lazard, petit, mince, rougissant, si appliqué à nous faire progresser vers les tables de multiplication et la conjugaison des verbes irréguliers.

Mes journées, toutes pareilles, déroulaient leur *chronogramme* entre l'école et la maison. L'hiver, chaque fois que ma sœur et moi reprenions, après dîner, le chemin de l'école dans un grand coup de froid humide, ma grand-mère glissait des châtaignes chaudes dans nos gants de laine grise. Nous les mangions seulement lorsqu'elles nous avaient réchauffées, en arrivant en classe. Depuis, ce fruit protecteur et nourrissant est devenu pour moi synonyme de fête chaque automne, à la récolte.

L'été, à quatre heures et demie, nous jouions en bandes sur le chemin du retour vers la maison où un plantureux goûter nous redonnait du cœur au ventre: gaufrettes craquantes, galettes croustillantes et verre de lait.

La guerre des boutons, ce délicieux film d'Yves Robert, me rappelle cette courte portion de mon enfance. Nous formions, comme dans le film, des gangs qui se chamaillaient pour un bout de territoire, un morceau d'étang, une prise de grenouilles et de tritons...

Nous n'avons pris contact, petite amie, que lorsque, l'âge aidant, nous avons dû quitter le village chaque jour pour suivre nos cours du secondaire en ville. Nous étions toutes deux inscrites au Lycée Royal de Molenbeek–Saint-Jean. Rien que son nom résonnait sous la forme d'un programme prometteur! Nous sortions de la brousse pour affronter l'univers mis en boîte dans un vaste immeuble gris, emmuré, verrouillé par une porte cochère devant laquelle trônait un cerbère bougonnant et méchant : le concierge. Au moment où cette porte a claqué dans notre dos, nous savions toutes les deux que nous venions d'entrer en prison.

D'ailleurs, nos familles nous avaient prévenues : finies la rigolade, les expéditions à l'étang, la tauromachie avec les vaches du voisin, les explorations — interdites — de la vieille église en ruines... Maintenant nous allions travailler, *arbeit, schnell!*

Cette première journée, dans le préau, nous étions des centaines, debout, fleurs des champs toutes bleues, du bleu des cache-poussière couvrant nos vêtements.

La directrice, à l'abondante poitrine, à la voix de stentor et aux gestes implacables, nous expliquait les joies de notre nouvel environnement. L'angoisse se colla au fond de nos rétines quand nous vîmes nos profs... Elles avaient pratiquement toutes atteint la quarantaine (autant dire presque la sénilité), la plupart étaient vieilles filles (l'enseignement est un sacerdoce), elles étaient habillées strictement, si raides qu'on aurait dit des gardiennes de *stalag!*

Durant les semaines qui suivirent, notre seule consolation fut de pouvoir observer en douce les garçons de l'athénée voisin. Nous supputions nos chances de faire des conquêtes. Mais qui s'intéresse à des filles de douze-treize ans, en chaussettes blanches ?

Il a fallu économiser sou par sou pour acheter une première paire de bas de nylon, un tube de rouge à lèvres et divers colifichets assez pratiques pour nous vieillir durant nos trajets en tram, assez rapides à enlever avant d'entrer au lycée ou à la maison.

Nous nous complétions à merveille. Tu étais pratique, ordonnée. Je vivais dans ma tête. Tu étais forte en math, en sciences et en langues. Je pratiquais avec un certain bonheur la dissertation française, l'histoire, la philo. Tu étais brune et bouclée. J'avais le tif blond et désespérément plat.

Les premières années du secondaire ne me laissent aucun souvenir impérissable, sinon celui de nous avoir donné le temps de bâtir notre amitié, consolidée par la fraternité de notre classe.

Vers quinze-seize ans, nous deviendrons inséparables. En plus des cours, du travail exigeant d'apprendre, nous découvrirons l'émoi du premier amour. Comme nos familles nous avaient mal préparées au choc amoureux! Tu ne connaissais pratiquement rien à la sexualité. De mon côté, j'avais glané ce que j'avais pu dans les livres. Les premières pages d'*Emmène-moi au bout du monde* de Blaise Cendrars étaient très explicites. J'avais découvert le bouquin par hasard, au fond de la bibliothèque familiale. Il était impossible que nous abordions le sujet chez nous, le sexe étant encore tabou. Nos parents faisaient simplement semblant que cela n'existait pas. Donc, nous étions anormales d'y penser. Hypocrisie d'une société qui, bien que laïque, appliquait encore les vieux réflexes cathos : on faisait semblant d'ignorer ce qu'on ne voulait pas voir.

À cet âge aussi tout était flou : nous souhaitions qu'un garçon nous prenne dans ses bras, en même temps, nous refusions de partager avec d'autres notre meilleure amie. Tu m'écrivais de longs poèmes d'amour que tu recopiais, des soirées entières, d'une belle écriture appliquée et patiente. J'ai retrouvé, il y a quelques jours, en triant des papiers, un cahier d'écolier rempli de textes d'Aragon, d'Éluard, de Prévert. Relique émouvante d'une enfance lointaine, car nos enfants ont maintenant l'âge que nous avions… Passions, joies, chagrins, tout était beau, unique et si grand que même le fleuve Amour n'aurait pu en contenir le volume.

Quelques voyages en Espagne, en Angleterre, nous ont donné le goût d'horizons plus vastes, d'une vie hors de l'ordinaire. Qu'y a-t-il entre la volonté et le rêve? La chair, le sang, les pulsions, les besoins, l'éducation, l'inconscient, l'humain déjà trafiqué. Toi, tu suivras la lignée familiale: études supérieures, mariage, enfant, maison. Moi, l'aventureuse, je chercherai dans tous les plis de la vie s'il existe quelqu'un qui puisse m'aimer.

Un jour, je découvrirai que je suis enceinte et qu'il m'est impossible de l'annoncer à ma terrible famille, tu viendras alors me proposer de filer avec tes économies. Je n'en aurai pas le courage. Ne fût-ce que pour ce geste seul, cette générosité, cet acte de fidélité, je te garde une affection indéfectible, une bulle de gratitude éternelle...

Lettre à un premier amour

Je n'y croyais pas. Tu étais beau, grand, le cheveu de jais, bouclé et l'œil myosotis. Tu étais beau et tu t'intéressais à moi. Je n'avais pas 16 ans, toi 17 ou 18. Nous étions à une *surboum* organisée par mes cousins.

Je les avais découverts sur le tard mes cousins, car on ne cultivait pas tellement les liens familiaux dans ma tribu. L'aînée, Marianne, était aussi belle que sa mère, mais avec plus de blondeur. Elle était vive, drôle et dégageait un charme qui me fascinait. À côté, j'avais l'impression d'être une Bécassine[12] échappée de sa province par mégarde.

Le cadet, Julien, encore jeune, mettait toutes ses énergies à être à la hauteur de la *bande* de sa sœur, en rendant de menus services à tout le monde. J'avais beaucoup de complicité avec lui, sans doute parce qu'il m'impressionnait moins que Marianne qui avait quelques années de plus que moi.

Leurs parents me semblaient des parents idéaux, surtout leur mère. Elle était si... *relax*, si gentille, si drôle, si complice, si, si, si... Ce sont eux qui ont mis de la joie, de l'aventure, de la folie, de l'espérance dans mon adolescence

12 - Bécassine : personnage de bande dessinée apparu pour la première fois dans le premier numéro de *La Semaine de Suzette*, magazine pour fillettes, le 2 février 1905. Auteure : Jacqueline Rivière (1851-1920).

terne. Avec eux, je découvrais que la vie peut être autre chose qu'une tablette d'armoire bien ordonnée.

Cette *surboum* devait avoir lieu fin janvier ou début février. Comme mes cousins habitaient une banlieue à l'opposé de la mienne, m'y rendre en tram et en autobus fut déjà un exploit. Il faut dire que je n'ai jamais eu le sens de l'orientation et que je refusais de porter mes lunettes de myope, espérant toujours décrocher en cadeau des verres de contact!

J'avais reçu une robe neuve pour l'occasion, ce qui était déjà miraculeux. Elle me plaisait à moitié, mais pour ne vexer personne, je l'avais acceptée avec le sourire. Après tout, je me sentais déjà comme le vilain petit canard, cela ne changerait pas grand-chose au tableau général...

Mais voilà que dans cette soirée de jeunes gens brillants, beaux et de familles aisées, ce grand garçon aux yeux myosotis venait me chercher, au milieu des filles qui faisaient tapisserie, pour un *slow* des Drifters: *Save the last dance for me...* J'avais les jambes flagada, les intestins tricotés serrés et le cœur dans le gosier!

Tu étais très *gentleman*, légèrement pompeux. Je n'osais rien dire tellement j'étais impressionnée. En fait, j'aurais été capable de dire n'importe quelle connerie du genre «Ma petite sœur a mal aux dents, je suis inquiète!»

Au milieu du *slow*, les lumières pratiquement éteintes, j'avais la tête dans ton cou et je sentais tes mains presser des points précis de mon anatomie dorsale. C'était plus qu'agréable. J'avais l'impression d'être de la *plasticine*.

À partir de cette danse langoureuse, nous avons passé la soirée collés comme des frères siamois. Les autres existaient tel un décor. Semblable à un personnage des histoires les plus bêlantes des éditions Arlequin, j'étais uniquement rivée à tes yeux. Je découvrais que mon corps pouvait vibrer, s'appesantir, résonner, devenir douloureux, rien qu'au contact de tes mains.

La séparation fut déchirante. Le nuage sur lequel je planais se liquéfiait dans mon dos. Nous échangeâmes nos numéros de téléphone, nos adresses.

Je passai la nuit chez mes cousins, puis rentrai le dimanche, sous cette interminable pluie qui baigne Bruxelles 345 jours par an!

Mais cette fois-ci, la désespérante lenteur des moyens de transport faisait mon affaire. Tout emplie de ton image, de ma soirée, dont je me repassais inlassablement le film, je vasouillais. Je ne voulais partager cela avec personne. Pour la première fois, j'étais amoureuse et je ne pouvais pas gâcher ces précieux instants d'un bonheur inconcevable.

À Pâques, je t'ai retrouvé à la mer du Nord avec mes cousins. Tu m'embrassais dans les dunes, tu me tenais la main, tu étais jaloux de qui m'approchait. Ton père, un petit industriel autoritaire et despotique, te faisait travailler, faire des courses, faire du sport (tennis, marathon, poids et haltères) jusqu'à ce que tu en tombes d'épuisement. Cela nous laissait peu de temps ensemble. Tu m'écrivais alors pratiquement tous les jours. Tu ajoutais à ton courrier des poèmes de ton cru, des coupures de journaux qui t'inspiraient ou représentaient tes idoles comme Louis Amstrong ou Cliff Richard que nous aimions tous les deux.

C'était aussi l'époque des gourmettes! Ces bracelets à mailles d'argent ou d'or, munis d'une plaquette gravée au nom du propriétaire, étaient tout à fait à la mode. Tu m'avais donné la tienne, superbe, en or et tu portais la mienne, plutôt moche, en argent...

Tu aimais beaucoup ma grand-mère, ravie que je sorte avec un garçon de si bonne famille. Ensuite, j'ai fait respectueusement la connaissance de tes parents. Nos rencontres se tinrent alors sous les bons auspices de nos familles respectives, enchantées de cette union.

On se faisait des cadeaux, on écoutait ensemble nos chanteurs ou groupes préférés. Quand tu m'embrassais, tes mains entraient dans mon soutien-gorge, ton corps se plaquait au mien, avec quelque chose de dur au milieu. La panique me prenait. Fallait-il suivre les inclinations de mes propres sens affolés, ou plutôt me sauver à toutes jambes devant les « dangers d'être une fille », comme disait grand-mère ? Un peu perverse, j'aimais t'émoustiller, attendre pour voir ton visage virer au rouge sous le désir, tes paupières s'amincir...

Séparés encore pour les vacances, tu m'écrivis à nouveau tous les jours, exigeant la même chose de ma part. Lettres d'amour, de tendresse, mais aussi répertoire de ta vie quotidienne avec au centre le père dictateur : fais ceci, fais cela... par ici, par là... de quoi rendre fou ou semblable au chien de Pavlov !

Je les ai encore ces lettres des années soixante. J'y ai trouvé les raisons de notre rupture : à seize ans j'étais pratiquement une femme mariée sans en avoir les libertés ! Devant cette vision d'une vie toute tracée, ordonnée, rangée telle la vie que je menais déjà dans ma famille de femmes, la peur m'a envahie. Une peur profonde, viscérale, venue sans doute d'une ancêtre qui avait, elle aussi besoin de liberté, de créativité, de défis pour vivre.

Du jour au lendemain, je n'ai plus voulu voir tes yeux si beaux, si tendres, si implacables parfois.

Le temps a mangé les années et depuis je n'ai pratiquement rien su de toi, sinon que tu étais devenu psychologue, que ton père était mort, que ton mariage allait mal. Mais c'était des *on-dit*.

Il me reste de toi ce paquet de lettres sur papier bleu, quelques photos et le merveilleux souvenir d'être tombée pour la première fois amoureuse d'un regard myosotis, sur la musique des Drifters.

J'ai maintenant une copie de cette chanson sur disque laser. Chaque fois que je l'entends, je *flippe* encore, j'ai un vague à l'âme qui me met en panne de moi-même.

Lettre à un professeur

Les profs étaient des mercenaires de l'instruction qui recevaient en compensation plusieurs mois de vacances par année, croyais-je... Mes rapports avec eux étaient plutôt distants, comme d'ailleurs avec la plupart des gens qui m'entouraient. Ma faconde a toujours été un moyen, non agressif, de me calfeutrer des intempéries extérieures.

Vous m'avez eue pourtant! Pas au charme ou à l'usure, mais à l'humour, lorsque vous nous aviez fait jouer *Le Malade imaginaire* de Molière en patois bruxellois, joyeux mélange de flamand et de français.

Vous aviez l'apparence d'un monolithe de Stonehenge. Grande, droite, massive, au sexe indéfini, sans âge ou plutôt bâtie de l'éternité elle-même. Vos vêtements, toujours dans les gris, étaient également hors du temps.

À la fin du secondaire, vous étiez mon professeur de français. J'allais à vos cours comme d'autres vont à la messe, avec ardeur, avec une immense attente. Adieu grammaire pointilleuse, je plongeais avec enthousiasme dans les enlisements de la littérature dont vous étiez le guide, non seulement éclairé, mais insolent, iconoclaste, cynique! Dans les méandres des textes et des auteurs, je cherchais la réponse à mes questions existentielles dont, bien entendu, la principale était « Qu'étais-je venue foutre dans cette galère bordélique qu'est la vie ? »

Vous détestiez les romantiques. Moi aussi. *Le Lac* de Lamartine me donnait l'urticaire. Je penchais, tout comme vous, pour la truculence de Rabelais (qui nous permettait de « parler de cul » dans ce respectable lycée de jeunes filles au petit doigt en l'air), l'insolence de Voltaire, la légèreté de Ronsard. Cependant, je préférais à tous les Modernes, ceux qui n'étaient pas au programme : Prévert (*Une fourmi de 18 mètres/avec un chapeau sur la tête*), Gide, Camus, Cendrars, Vian, Gary, Yourcenar...

J'ai vécu une longue passion pour Somerset Maugham et Blaise Cendrars dont j'ai cru retrouver le regard quand j'ai embarqué peu à peu dans le mouvement soixante-huitard. *Le Fil du rasoir*, *L'Homme foudroyé* et *Bourlinguer* ont, à cette époque, marqué ma vision du monde.

Vous m'encouragiez, lors de longues conversations à leur sujet, à creuser, chercher, fouiller. Vous aviez sans doute compris combien j'étais en latence de moi-même. Mes dissertations accumulaient revendications et colère contre un monde arbitraire où le Nord imposait sa botte au Sud. Les Américains cassaient la gueule aux Vietnamiens, alors que chez eux on assassinait les frères Kennedy, Malcom X et Martin Luther King ! Les Juifs d'Israël faisaient la fête aux Palestiniens au nom de l'Holocauste après leur avoir piqué leur territoire. Les Belges accordaient une indépendance du bout des armes au Congo pour y garder la mainmise sur des exploitations minières très lucratives. En contrepartie, il y avait un mot à Bruxelles pour parler de tous les mal blanchis de la terre : les Bougnouls !

Vous aimiez mes textes pamphlétaires et vous étiez bien la seule... C'est cela qui me flattait. La politique teintait pratiquement tous mes discours. Cela m'était venu très jeune. Quand les Soviets étaient entrés à Budapest, quand le roi Farouk avait dû déguerpir d'Égypte et quand Nasser avait nationalisé le canal de Suez, j'écoutais passionnément la radio et ma famille débattre du sort de l'humanité et surtout, d'un retour possible à la guerre!

Ma grand-mère m'en parlait souvent de la guerre, de la faim, du froid, de la peur qui paralyse, mais aussi de la haine, cette vilaine bête qui se gorge de la mort. Elle me racontait les bons moments de cette époque volés à l'angoisse, les fous rires, les pièces de théâtre montées en famille à l'abri du black-out et du couvre-feu.

Ce qu'elle me décrivait venait alimenter ma colère contre l'injustice, même si je n'avais pas toujours le courage de me lever pour affronter ouvertement ceux et celles qui la commettaient! Mais, durant une bonne année, je me suis fait passer pour juive pour emmerder les antisémites de la classe.

C'est vous qui m'avez posé la question: «Pourquoi ne deviens-tu pas journaliste?» Ce n'était pas ma première idée. Depuis que je passais une grande partie de l'été sur un chantier archéologique français, je m'étais prise de passion pour la fouille, le nettoyage de pièces anciennes, l'histoire, la grande et aussi celle de l'art. Le journalisme viendrait plus tard, bien plus tard.

Depuis votre classe de français, je n'ai jamais cessé d'écrire. Pour tout. Pour rien. Pour moi, pour ne pas exploser de rage ou par amour, ou parce que je n'arrivais pas à dire ma joie de vivre, ma passion pour ceux que j'aime. Si souvent, alors, j'ai pensé à vous. La nature vous avait faite à part, moi aussi, en me donnant un circuit en zigzag. Nous étions faites pour nous rencontrer. Vous m'avez dit de ne pas avoir peur d'être moi-même... J'ai mis bien des années à vous écouter, mais vous aviez tellement raison!

LETTRE AU PREMIER AMANT

POUR ÊTRE PAUMÉE, j'étais paumée. Je nageais en pleine déconfiture. J'abordais la fin du cycle infernal de ma vie familiale. Pas de rémission avant la plongée vers le drame, mon drame, celui qui vous tue d'abord pour vous permettre ensuite de renaître. Comme pour une opération chirurgicale, il faut avoir mal pour ne plus souffrir.

À cette époque, mes parents couraient toujours la planète. Ma mère m'avait trouvé une chambre dans une grande villa BCBG. Elle appartenait à l'une de ses amies, une aristocrate désargentée qui s'était commise avec un bellâtre parvenu. Leur progéniture était à l'image du couple, en pleine décadence. En atterrissant dans cet univers, je n'ai fait qu'ajouter un grain de désespérance à un monument d'incommunicabilité.

L'amie louait des chambres de sa belle maison pour boucler ses fins de mois. Elle était également chargée, par amitié, de veiller sur ma personne pendant que j'essayais de me lancer dans des études universitaires.

En pleine crise d'identité, en mal d'affection depuis la mort de ma grand-mère, j'ai tout raté : mon année d'études, ma relation avec un petit ami trop parfait, fils de bonne famille, et surtout, mes relations d'invitée dans cette tribu aussi dingue que la mienne avec, en plus, quelque chose de malsain, entre la bondieuserie et l'inceste.

C'est dans ce désordre absolu que je suis tombée sur toi. Où, quand, comment? Je ne me rappelle plus. Je sais seulement que, dans ton genre, tu étais également le fruit de l'invraisemblance. Tu étais né entre le Yiddish et le Bruxellois. Tes parents avaient le physique rétréci et les attitudes apeurées des gens sortis des camps nazis. Pour contrer le malheur, tu te donnais les allures dynamiques de celui qui peut tout affronter. C'est cela qui a dû me plaire. Tu étais celui qui allait me sauver, me sortir de la noyade familiale où je me complaisais depuis si longtemps faute d'imagination et de cran!

Tu avais fui l'école pour devenir une sorte d'autodidacte charmeur. Tu enrobais les mouches de mon genre dans un blabla subtil, sucré, coulant... Il n'y avait qu'à se laisser aller. C'était si facile. C'est ce que j'ai fait.

Tu ne venais pas du beau monde. L'amie de maman, qui m'avait accueillie *comme une fille* par charité chrétienne et lucrative, ne trouvait pas cette fréquentation de son goût. Son mari volage encore moins. Il aimait reluquer les jeunesses, sans avoir de concurrence. C'était déloyal!

On me donna le choix entre rompre et rester, ou prendre la porte. Waouh! Le vrai cliché bon chic bon genre, la mélo tentation pleurnicheuse et dégoûtante! Ben voilà, je pris la porte.

Maigre bagage, maigre fortune, maigre logement dans un sous-sol, mais liberté!

Bon, tu avais la nana, il fallait maintenant aussi y goûter. Je connaissais parfaitement les risques possibles d'un tel acte. Responsable, je pris rendez-vous auprès d'un organisme qui faisait ce qu'on appelait alors du «planning familial».

Les cieux étaient contre moi, ils mirent sur ma route un médecin gâteux et catho qui, au lieu de la pilule anathème et cancérigène qui aurait été pour moi un blanc-seing indispensable, me prescrivit un odieux système machin couvert d'une sorte de gelée tue romantisme-amour-fantasme : le diaphragme.

Résultat. Sans beaucoup d'imagination, tu m'as fait l'amour pour la première fois, à la missionnaire. Je n'ai pas vraiment pris mon pied. Toi, bien rapidement. Cela faisait trop longtemps que tu attendais. Par contre, diaphragme ou pas, il y a un de tes spermatos qui a fait du bon boulot !

Entre-temps, ma mère était rentrée et j'avais déménagé mes pénates chez elle, trop dure la vie d'une sans-abri... Tu ne lui déplaisais pas, car tu savais charmer. Tu voulais une femme, tant mieux si elle était enceinte, cela irait plus vite.

L'angoisse. C'est horrible à vivre seule, à cacher, chaque jour, tout au fond. Cela prend tellement de place que cela rend malade. L'estomac suinte de l'acide, l'intestin se tord. Je ne voulais pas t'épouser. Je n'étais plus amoureuse. L'avais-je seulement été ? Tu avais comblé ma solitude, mon manque avide d'affection. Rien de plus. Je voulais terminer mes études, sortir de ma famille, partir vers... ailleurs.

J'avais la trouille. Une trouille à faire perdre connaissance, de dire à la famille, au clan (moi qui étais déjà fille de mère indigne) que j'étais enceinte de quatre mois. Comme le temps passe !

J'ai fini par cracher le morceau à ma tante, parce que je la croyais plus jeune, plus émancipée, plus sensible à ma vie depuis le décès de grand-mère. Elle me promit qu'on s'occuperait de moi. J'avais confiance.

La suite fut une boucherie. Je ne t'ai plus revu. J'ai refusé de te voir. J'en voulais à tout le monde. Je cauchemardais, je me détestais d'avoir tout accepté, d'avoir, comme toujours, joué à la bonne fille pour qu'on m'aime... Mais, est-ce que les gens qui vous aiment sont capables de vous envoyer à l'abattoir? Qu'est-ce que l'amour, l'affection, la tendresse, la sollicitude?

Cette histoire m'a appris qu'il me fallait ne compter que sur moi-même. Ma vie c'était à moi de la faire, comme je l'entendais et d'en assumer les succès comme les erreurs.

Début des années 80, je vivais depuis quelque temps déjà à Montréal, je suis rentrée à Bruxelles pour les vacances. On m'a proposé alors d'animer une série d'émissions à la radio nationale. Par une dame qui travaillait à la station et dont tu étais le physiothérapeute, j'ai appris que tu étais marié et que tu souhaitais me rencontrer, me parler. J'ai bredouillé un «peut-être, on verra», mais je n'ai pas donné suite. C'était loin, très loin. Une histoire qui s'était passée avec une autre, une parente, dans un espace-temps différent.

Que pouvais-je te dire après cette éternité? À la réflexion, peut-être merci. Tu m'as permis de me libérer. Tu m'as jetée à la découverte du monde, donc de moi-même, car la seule façon de se trouver, c'est d'aller voir ailleurs...

Nous aurions pu avoir un fils, au dire du médecin qui m'a sauvé la vie. J'y pense, parfois, en regardant grandir ma fille, que j'aime pour deux!

Lettre à mon premier employeur

Je m'étais fringuée avec recherche. J'aimais passionnément les vêtements et encore plus m'en servir pour conquérir! J'attendais à l'entrée de ton bureau, parce qu'un ami de mon ancien petit ami m'avait dit que tu cherchais activement quelqu'un (quelqu'une?) en journalisme pour te servir d'assistant. Tu dirigeais le supplément économique d'une revue qui faisait partie du plus grand groupe de presse en Belgique.

Je la voulais cette place. Le drame était que je ne savais rien faire. En fait non, je savais *tout* faire, mais je n'étais géniale en rien! Je rentrais de plusieurs mois du tournage d'une fiction *comico-racoleuse*. J'y avais joué le rôle de seconde assistante à la réalisation. Je passais une grande partie de mes soirées à préparer les horaires de travail quotidien d'une équipe de vingt personnes et, ensuite, à essayer de m'y retrouver dans les échanges de chambre!

Je me suis reconnue trait pour trait dans *La Nuit américaine* de Truffaut, sauf qu'en plus, j'ai débauché le jeune premier quelques nuits, le temps de constater que la pellicule est menteuse...

Avant cela, j'avais ponctué mes études de quelques expériences disparates de travail: fouilles archéologiques, hôtesse en Rolls Royce allant d'une soirée mondaine à une autre pour la promotion d'une marque anglaise de cigarettes, etc. Cependant, depuis que je suivais des cours à la Maison de la presse, j'avais opté pour le journalisme. L'art, c'était pour les snobs, l'archéo, pour les taupes, les hôtesses, pour les maris en mal d'aventures... Oui, le journalisme convenait décidément à ma quête de l'inconnu, de l'histoire au quotidien!

Tu me fis entrer dans un bureau à demi englouti sous le papier, d'où émergeait avec peine une vieille machine à écrire. Tu étais un grand type sympa aux lunettes intellos et à la mèche tombante, style Malraux. Le plus beau, c'était ton sourire, franc, net, ouvert sur des dents un rien carnassières.

— Avez-vous déjà fait du journalisme?
— Non.
— Écrit des articles?
— Non.
— Vous tapez à la machine?
— Non.

∾

Durant cet entretien, j'avais l'estomac à faire sécher et la gorge à rincer quand le téléphone se mit à sonner. Un quidam, un homme d'affaires, cherchait comment faire entrer au pays des animaux exotiques, genre rhinocéros, et les faire convoyer par train.

On a beau compter les gros sous des nantis, on n'en est pas pour autant une agence de voyages pour bestioles!

Comme mon expérience cinématographique m'avait appris à jouer du bottin comme d'autres du saxophone, je profitai du désarroi de mon interlocuteur pour plonger sur le premier que je dénichai sous une pile croulante de quotidiens rances.

Ce fut un jeu d'enfant de trouver la direction des douanes, les cas spéciaux aux chemins de fer... Pendant deux mois, j'avais fait barrer des rues, aligné des cordons de police, farfouillé après des objets hétéroclites, tricoté du téléphérique, fait livrer de quoi nourrir les Gitans de France et de Navarre, qu'était-ce que quelques rhinos de plus ?

Bingo ! Je ne savais peut-être rien faire, mais je patinais dans la débrouille assez honorablement. C'est ainsi que tu m'as engagée grâce aux rhinos de Monsieur Tartempion, mais la minijupe, la blouse fleurie comptaient-elles pour du beurre ?

J'ai adoré ce boulot. Tu m'as appris plein de choses : taper sur la machine à écrire avec deux doigts, rédiger un article, faire une mise en pages, triompher des picas, ces quelques millimètres qui mesurent les caractères imprimés, et négocier avec le marbre, l'atelier où les typographes fabriquent le journal.

J'ai toujours comblé mes goûts *d'ailleurs* dans les bouquins. Toi aussi. Tu m'as ouvert de nouvelles portes littéraires, dont celles de la science-fiction. Tu m'as lancée à la poursuite des grands auteurs de *space opera* : Frank Herbert avec *Dune*, Asimov avec *Fondation*, Ray Bradbury et ses robots, Jack Vance et ses personnages fantastiques, *Le Monde des A* de Van Vogt, Roger Zélazny, Sturgeon et j'en passe, m'ont révélé des trésors de dépaysement, une vision souvent nouvelle de l'humanité et une analyse philosophique comparable, par moment, à celle de Voltaire dans *Candide*. Nous en débattions autour d'un café l'hiver, en jouant aux boules dans le Parc de Bruxelles, l'été.

Comme ce travail me laissait les fins de semaine, j'en profitai pour faire quelques émissions à la télévision et découvrir ainsi un autre mode de communication.

La vie m'offrait sa provende : mes boulots, mes amis, ma ville étaient les plus chouettes au monde ! Il n'y avait que le cœur qui ne trouvait pas à se contenter, mais qu'importe, j'avais le temps de mon côté et les hommes se retournaient toujours sur les blondeurs que j'arborais en baissant les yeux...

Si le bonheur devait durer trop longtemps, on en perdrait le goût, on s'habituerait et on ne saurait plus le reconnaître. La rareté est plus précieuse aux humains. Ils passent d'ailleurs leur temps à tuer, puis à préserver plantes, animaux, civilisations...

C'est en pleine euphorie que la nouvelle nous atteignit au milieu du plexus solaire : le supplément économique allait disparaître, et nous aussi. Finis la belle collaboration, les bureaux jonchés de paperasse, le *tic-tic-toc* des vieilles machines à écrire, les téléphones farfelus (connaissez-vous le prix du bison au kilo ?), les polémiques à l'heure du café, les blagues, les farces, les angoisses de la tombée !

Tu as changé de journal. J'ai glissé vers la télé. Nous sommes restés amis. Tu m'as montré qu'on peut travailler dur en s'amusant, surtout en s'amusant. Tu m'as donné le sens des responsabilités, la rigueur, l'amour de faire du journalisme, d'étonner, d'intéresser, de conquérir le lecteur, le téléspectateur, l'autre.

J'avais vingt ans et des dents pointues. Tu m'as appris à me gaver de la pomme du temps qui passe.

Lettre à un impossible amour

Je ne sais vraiment pas pourquoi! Cela fait des années que je ne me souviens pas de mes rêves, or, cette nuit, j'ai rêvé de toi. Je t'ai revu à l'âge où nous nous sommes rencontrés, 24 ans. Nous faisions l'amour à l'arrière d'une voiture conduite par des ombres inconnues. Tu souriais en songeant que nous faisions une bonne farce à quelqu'un. J'ai retrouvé tes cheveux noirs bouclés, tes yeux de velours noisette, ce pli au coin des lèvres qui remonte légèrement. Je me suis abîmée dans la contemplation de ta silhouette d'adolescent frêle, tes mains d'artiste aux doigts légèrement en spatule, écrasés par les cordes de guitare. J'ai succombé au charme, comme je l'ai fait si souvent après notre rencontre.

D'où venais-tu? Tu es mort il y a deux ans, assassiné par des centaines de paquets de Gitanes. Tu es mort après m'avoir téléphoné du bout de l'autre continent, la voix fracturée par un cancer de la gorge. Tu m'as chuchoté des mots d'amour pudiques. Tu ne savais pas pourquoi nous nous étions quittés, tu ajoutais que tu aurais donc dû faire ta vie avec moi, que tu pensais toujours à moi… Comme je t'en voulais encore un peu, je n'ai rien compris. Je n'ai pas senti que tu te mourais, que tu me disais adieu, avec les regrets de m'avoir quittée, vingt-deux ans plus tôt!

Je t'ai servi des mots conventionnels sur la guérison. Je t'ai lessivé les tympans avec des «peut-être que c'était mieux ainsi», «peut-être que nous n'aurions pas été heureux ensemble», peut-être *blablabla*...

Non, mais quelle monumentale crétinerie! Moi qui me targue d'avoir la sensibilité, le pif, *l'instinct* pour ces choses-là...

Tu m'as jetée dans une autre partie de mon passé que j'avais occultée depuis longtemps. Nous nous sommes rencontrés deux ou trois ans après ma rupture d'avec ma famille. J'avais pratiquement scié de mes dents le cordon ombilical, comprenant enfin que ma vie, il n'y avait que moi pour la vivre. Je me suis alors plongée à corps perdu dans la découverte. Tout y est passé: la ville, les gens, les études, les amis et surtout, les hommes.

À cette époque, les entrepreneurs anglais Jones, Lang et Wooton n'avaient pas encore trop ravagé ma ville, petite copie de Vienne, à coup de pétrodollars. Avec ce renouveau dans mon existence, je découvris que je vivais dans une belle ville, aux joyaux d'architecture ancienne que je n'avais jamais vraiment regardés. J'adorais promener ma mélancolie romantique dans le parc de Bruxelles, sur la Place Royale toute 18e siècle, descendre ensuite le mont des Arts en effleurant la cathédrale Saints-Gudule-et-Michel pour tomber à pieds joints dans l'extase de la Grand-Place, en sirotant une Gueuze au Roi d'Espagne. Bruxelles ma belle, tu me donnais la joie d'exister, le bonheur de la liberté retrouvée, la même liberté qu'avait trouvée dans son berceau la petite Africaine.

Je me mis à fréquenter un monde nouveau, celui de la radio et de la télévision. J'y fus un jour invitée à parler des fouilles archéologiques sur lesquelles je travaillais l'été. L'animateur m'invita ensuite à souper avec d'autres personnes dont tu étais. Avec l'indépendance, j'avais aussi découvert que je pouvais avoir du charme. C'était un nouveau jouet dont je ne manquais pas d'user pour voir jusqu'où cela pouvait me mener!

Si je me souviens bien, tu étais celui qui parlait le moins, celui qui n'essayait pas de m'en mettre plein la vue. Ainsi que dans la chanson de Beau Dommage, tu ne jouais pas du piano, mais de la guitare. Cela a pris plusieurs mois avant que nous ne passions une nuit ensemble. Tu devais te dire que j'étais une sorte de bulldozer femelle qui voulait activement tout savoir de la vie. À vrai dire, j'avais plusieurs soupirants, jeunes, moins jeunes, fiancés, mariés, célibataires... *Il faut bien que le corps exulte*, dit Brel. Enterrer mon adolescence terne, fuir ma famille, découvrir les hommes, avoir des amis, je ne pensais qu'à cela.

J'avais la chance inouïe de vivre en appartement avec ma sœur. Nous étions bien. Les parents avaient repris la route d'ailleurs. Tant mieux. En travaillant en dehors de mes heures de cours, j'avais pu nous acheter une vieille coccinelle Volkswagen qui nous rendait mobiles et indépendantes. Ce furent nos plus belles années, celles de l'échappée, de la lumière, de la préparation à la vie, de l'amitié et de l'amour!

Dans mon enthousiasme de cette découverte du monde, je ne comptais pas changer mon mode de vie parce que tu y entrais. Pendant quelques mois, après cette première nuit, je vivais partout à la fois ayant développé rapidement le don d'ubiquité. Tu réalisais des émissions de radio très populaires. J'ai rencontré les vedettes avec lesquelles tu travaillais, les sorties se succédaient. Tu venais souvent chez nous, mais jamais tu ne passais une nuit entière. Ta maman, une charmante vieille dame, t'attendait entourée de ses chats.

La vraie raison était que je te faisais peur. Je dégageais beaucoup d'énergie, j'avais la bougeotte, j'étais insatiable. Tu étais frêle, calme, songeur, souvent mélancolique.

L'été suivant, je suis partie deux ou trois mois en voyage au Québec. Pour moi, partir loin, c'est comme aller rendre visite à une amie, j'ai connu cela en venant au monde. À mon retour, tu n'étais plus le même. Tu me reprochais l'absence. Puis tu n'es plus venu. C'est comme cela que tu as rompu.

Je me suis vengée. Je t'ai rendu la vie impossible auprès de tes amis. Je m'arrangeais pour qu'ils m'invitent. J'étais partout, sous ton nez, bien vivante! Je souhaitais que tu souffres, que ton cœur tombe en poussière.

Lors d'une soirée de Noël, tu m'as invitée à terminer la nuit chez toi (tu avais finalement quitté maman). J'avais choisi avec un soin méticuleux vêtements, coiffure, attitudes pour te faire chuter, bel amant fantasque. J'aurais vendu mon âme à Belzébuth, ses sbires et à tous les démons d'Afrique pour te voir t'incliner. Je m'étais juré de refuser... j'ai dit oui! Mauvaise stratégie. Je le savais, merde! Ce fut une nuit éblouissante, mais le matin, la fête était devenue cauchemar. Tu ne disais rien, tu ne me regardais même pas, comme si j'étais une prostituée. C'est comme cela que je me sentais, une pute.

Le rictus du vilain dépit s'est collé entre mes deux oreilles. J'ai flirté avec tous tes copains, en vain.

Du jour au lendemain, j'ai clos le chapitre, te laissant tout le terrain. Finie la *comedia*. Je n'ai plus vu ton petit monde médiatisé. Tu t'es mis à boire de plus en plus, avant, pendant et après les émissions, sans oublier les belles Gitanes qui faisaient partir en fumée les heures de ta vie.

Devenue animatrice et journaliste, je t'ai rencontré peu avant mon départ pour le Québec. Ce fut distant et poli.

Ensuite, nous nous sommes revus quand tu venais faire des enregistrements au Québec et un été, à Bruxelles, nous avons fait une série d'émissions ensemble. Chaque fois, tu me demandais pourquoi nous n'avions pas continué notre relation. Je riais. Tu te taisais.

Tes amis célèbres t'ont laissé tomber. La gloire et la magie ont disparu. Tu as rejoint les humbles, les modestes, les démunis dans le grand sac de la maladie. Seule la musique, consolation de l'irrémédiable sottise de respirer pour finir quand même par mourir, seule la musique t'a porté au-delà du miroir. D'où venais-tu quand tu es entré dans mon rêve?

Québec, ma nouvelle souche américaine...

À bien y réfléchir, tout me destinait à devenir une immigrante. Mon enfance s'était passée loin des brouillards d'Europe du Nord et ma vie familiale me poussait plutôt à aller voir ailleurs si le monde n'y était pas plus beau.

J'ai appris rapidement à vivre sans racines profondes, bien que paradoxalement, je prenne beaucoup de temps à apprivoiser mon nouveau milieu.

Le Québec était pour moi le compromis parfait : une plaque tournante française entre l'Europe et l'Amérique. J'étais jeune, j'avais de l'énergie, de l'enthousiasme, des ambitions et je n'étais plus à un changement près. À la québécoise : « il n'y avait rien là ! »

On a beau tout prévoir à l'intérieur de ce périscope du corps humain qu'est la tête, lorsque les sentiments s'en mêlent, tout est remis en cause. J'avais beau être francophone, instruite, blanche... le choc de l'immigration fut difficile à encaisser.

Personne ne sait, sauf l'immigrant, combien changer de pays, *a fortiori* de continent, de climat, de culture, souvent aussi de langue, représente une remise en question totale de ce qu'on a été jusque-là.

Plus rien ne tient. On est un être adulte forcé de se rebâtir selon de nouveaux paramètres. Souvent douloureux, ce processus doit, de plus, se réaliser rapidement parce qu'il faut être à même de gagner sa vie, de nourrir sa famille.

Cela prend des années avant que la vieille peau, celle de l'ancien pays, ne fasse place à une nouvelle, hybride celle-là, aux couleurs mélangées, aux sensibilités plus variables.

L'Amérique me prive de cette ambiance permanente de culture qui vient en naissant sur le continent européen, parce que, forcément, l'être y est entouré d'une histoire écrite au quotidien dans les vieilles façades, le tracé des rues, les places ponctuées de monuments, les parcs aux arbres en encorbellement, les musées, les châteaux…

L'Amérique, c'est la nature brute, le nouveau, partout, qu'on jette dès qu'on a trouvé plus neuf, mais c'est aussi une immense liberté d'être et de penser. En Europe, la famille, le pays crée l'individu; en Amérique, on se crée soi-même, le tout étant de ne pas se perdre parce que la liberté fait que les bornes sont peu marquées…

D'aucuns me demandent souvent si je suis devenue Québécoise? Oui, je le suis, mais je suis aussi Belge et Congolaise par d'autres côtés. Quand on a bourlingué de par le monde depuis l'enfance, on acquiert un autre regard, une façon multiple d'envisager la vie et, sans doute, une manière plus aiguisée de prendre ses distances, de découvrir, d'aimer.

Le Québec m'a donné un pays, des amis très chers, une façon de vivre, des expressions, des éléments culturels qui me sont aussi précieux que mes gris-gris africains et l'accent inimitable de Bruxelles. Choisir serait renier les autres parties de ma vie. Ce serait choisir de sauver un de mes enfants au détriment des autres… C'est pour cela qu'un immigrant c'est beau comme l'aventure, comme un morceau d'ailleurs, comme un météorite humain qui nous rappellerait que nous naviguons tous sur la même bulle de vie.

Lettre à un immigrant

Je tenais le pinceau bien droit, entre le pouce et l'index. Je l'avais au préalable imbibé d'eau, puis à peine trempé dans le bol d'encre chinoise, noir ébène ; maintenant, j'hésitais. Je savais que le papier de riz absorberait le mélange eau-encre avant, qu'avec maladresse, j'ai pu tracer d'un trait souple la bouche du poisson.

Je détestais ce manque de confiance en moi, cette peur inconsidérée de ne pas réussir ce que je souhaitais réaliser. En levant la tête sur vous, le professeur de peinture chinoise, je vous vis de dos. Vous passiez entre les rangs, surveillant attentivement votre classe d'une vingtaine d'adultes, aussi incompétents que moi. Je me demandais si le Taïwanais d'un certain âge que vous étiez vivait les mêmes affres que l'immigrante dont j'avais endossé le rôle ?

Grand, mince, vous aviez les tempes grises. Une paire de lunettes en écaille mettait en relief vos yeux bridés, vos pommettes hautes. Un léger sourire ne vous quittait jamais, sans doute une sorte de sauvegarde. Vous vous adressiez à nous d'une voix douce, hachant les mots français en y ajoutant l'accent tonique de votre langue. Votre calme et votre courtoisie apaisaient mon désarroi.

Cela ne faisait qu'une année que j'avais immigré au Québec avec un bébé de dix mois et un mari québécois. Malgré le fait que nous avions bien planifié et peaufiné cette installation de Bruxelles à Montréal, tout allait mal dans ma vie.

Les actualités annonçaient à nouveau une crise économique. Nous ne trouvions de travail ni l'un ni l'autre, et l'argent que nous avions mis de côté pour les premiers mois difficiles fondait à vue d'œil.

J'avais compté sur le soutien de mon conjoint pour m'aider à comprendre et à prendre contact avec ma nouvelle société, mais il avait préféré se replier sur lui-même pour y triturer ses propres terreurs, ses désenchantements et sans doute des secrets auxquels je n'aurais jamais accès. Il passait des semaines sans m'adresser un mot. Si je n'avais pas eu le bébé, j'aurais craqué…

Arriverais-je jamais à réaliser ce défi, cette renaissance: m'intégrer au Québec? À son tour, le Québec m'accepterait-il?

Devant l'impuissance, je devins hargneuse, voire méchante, même si je regrettais ensuite mes paroles. Après les promesses qu'il m'avait faites, j'en voulais à ce grand Québécois dégingandé de m'avoir engluée dans un piège à des milliers de kilomètres de chez moi. Je devins amère.

Je comprenais mal l'accent des gens, la façon dont ils prononçaient les mots, leur vocabulaire souvent bien différent du mien, leur ironie lorsque je téléphonais en «sollicitant» avec déférence un rendez-vous afin de «proposer mes services».

Un jour, à Radio-Canada, j'ai attendu une bonne demi-heure avant d'être reçue par un directeur qui m'a avoué avec un grand et beau sourire qu'il n'avait aucun pouvoir pour engager des personnes en production. Je devais cogner aux portes de tous les réalisateurs de la boîte, quitte à coucher sur leur paillasson. Je le regardais la bouche béante d'étonnement. Chez moi, c'était les patrons qui décidaient. On ne déboulait pas sans rendez-vous dans les bureaux des réalisateurs comme des chiots dans un jeu de quilles…

À Radio-Québec, je fus reçue par un producteur qui m'écouta déballer mon laïus pendant vingt minutes, en regardant, sous son bureau, la pointe de ses chaussures, banalité écœurante. Quand je fus à court de vocabulaire et d'idées, il me reconduisit à la porte sans un mot. Je pris l'ascenseur rasant les murs comme une lépreuse et je sanglotais dans le stationnement en jurant que ce *con* ne perdait rien pour attendre, je rentrerais dans cette chaîne, même sans sa permission.

Dieu, qu'avais-je fait? Ici, je n'étais rien. On m'écoutait par politesse, avec condescendance, afin de m'éconduire au plus vite. Je n'avais aucun pic à glace pour percer la carapace de cette société inconnue et, désespérée, je ne faisais que rebondir sur sa croûte.

Où était les amis tant aimés, les petits cafés favoris, les marchés sur les places publiques où jouaient des enfants, les marchands de frites dans leurs drôles de carrioles, les magasins de chocolats fins, les pâtisseries aux odeurs suaves, les maisons dix-huitième… Ô Bruxelles, que tu es loin! Combien de fois ai-je larmoyé en pensant à la fontaine de la place de Brouckère?

En attendant, comme il fallait vivre, je faisais çà et là de petits boulots: vendeuse dans un magasin de vêtements, employée dans un bureau de location d'appartements et aussi serveuse dans le casse-croûte d'un hôtel. Là, j'ai rencontré de vraies serveuses. Au début, elles me considéraient avec une certaine suspicion parce que j'avais toujours un livre en poche. J'adore lire. J'en ai besoin comme de manger ou boire. Partout où je vais, j'apporte au moins un bouquin qui déforme mes poches, gonfle le ventre de mon sac à main, lui donnant l'allure d'une chatte enceinte.

Bref, elles n'osaient pas me parler. Il faut dire qu'elles avaient autant de mal à me comprendre que moi à décrypter leurs phrases truffées de *all dress*, *ordre de toasts*, *c'est l'fun*, *ton chum n'a pas d'allure*… Mais, peu à peu, nous nous sommes apprivoisées. Elles m'ont raconté leurs rêves : les unes d'avoir *un char neu*, certaines que leur *chum* cesse de rentrer soûl le samedi pour les battre, d'autres d'avoir quelques *piastres* pour voyager. Moi qui venais de l'autre continent, de *l'autre bord*, enfermée dans mes déconvenues, je me disais que dans le fond, à quelques nuances près, nous cherchions la même chose ces filles et moi, le bonheur…

Durant cette période, je m'étais inscrite à votre cours de peinture, Monsieur Liang, afin de canaliser mes sentiments négatifs et destructeurs vers quelque chose de beau qui n'était ni d'ici, ni de chez moi. J'étais émerveillée de vous voir tracer un oiseau, un chat, un poisson en trois coups de pinceau en poils de chèvre. Pour vous aussi, ces quelques traits vous ramenaient dans un coin de pays qui était votre matrice, votre centre vital, votre paradis perdu.

Un immigrant, c'est un humain qui vit toujours en équilibre instable, autant en dedans qu'en dehors, avec le monde extérieur qu'il est incapable d'appréhender, sinon petit bout par petit bout, par-ci, par-là. Comprendre c'est survivre, alors il faut faire vite.

∽

Un jour le téléphone sonna. Une jeune femme, fraîchement arrivée de Belgique voulait me rencontrer parce que nous avions des amis communs. Elle était ronde, drôle, charmante et venait d'être engagée à Radio-Québec pour une nouvelle série d'émissions. Tiens, justement l'équipe cherchait une secrétaire de production. Cela t'intéresse-t-il?

Une fois le pied à l'étrier, je fis mon chemin comme journaliste et animatrice. Avec le travail, je me suis trouvé des amis et je me suis taillé un milieu.

J'ai percé, couche après couche, le béton de mon environnement tel un cantonnier avec son marteau-piqueur et quinze ans plus tard, je commence à savourer cette conquête.

Bien sûr, il y eut un prix à payer. Sous les tensions, ma famille a éclaté. J'ai dû recommencer mon métier à zéro et humblement m'astreindre à apprendre le B.A.-BA de la survie, puisant en moi-même toutes les ressources et toutes les énergies dont j'étais capable. J'ai dû faire la sourde oreille lorsqu'on m'a dit que mon accent n'était pas acceptable en ondes ou que j'étais une «importée», ou encore qu'on ne comprenait pas pourquoi je ne retournais pas d'où je venais… Il y a au moins une vérité universelle: la connerie sévit partout!

Si le Phœnix existe encore, je suis certaine qu'il est en chaque immigrant. Comment celui qui n'a jamais quitté son pays pour toujours peut-il comprendre la somme de sacrifices, d'abnégations, de volonté et de persévérance qu'il faut à un immigrant pour s'adapter à son nouvel univers?

Chez l'immigrant, quel qu'il soit, il y a une part de sacrifice qui ressemble à l'exil. Ce n'est qu'avec les années que cette partie de sa nature profonde qui veut survivre s'ancre dans son nouveau pays, tel un navire perdu enfin protégé par le port. Cette part-là est une véritable richesse pour sa terre d'adoption. L'histoire de l'humanité, c'est l'histoire des transmigrations de millions d'humains. Ainsi se sont façonnés les pays, les continents.

Est-ce que je regrette maintenant d'avoir fait ce saut? Non. Après l'Afrique et l'Europe, j'ai eu droit à une troisième vie en Amérique. Peu de gens peuvent en dire autant. Ce fut une expérience qui m'a profondément transformée et qui m'a permis de mieux me connaître.

Ceci dit, je sais. J'agace. Je suis un morceau de gravier dans une chaussure. Je parle pointu, la bouche en cul-de-poule. Je reprends tout le monde: on dit «une» garde-robe, «une» moustiquaire, «une» radio, «un» toast… Voilà, je suis une immigrante, un greffon minuscule parmi tant d'autres sur un arbre de trois cents ans et je m'y accroche. J'y trouve un tas de plaisir: Montréal, si différente dans chacun de ses villages; l'automne qui, chaque année, me coupe le souffle; la première neige qui m'enchante; la douceur de vivre québécoise qui ne demande qu'à être apprivoisée.

Le Québec, je l'ai gagné autant qu'il a réussi à me séduire. Comme dans l'amour, l'immigration se joue à deux. J'y ai creusé mon nid, je lui ai donné une belle grande fille qui chante son accent et porte fièrement sa fleur de lys. Y a-t-il un plus beau cadeau que je pouvais lui faire pour le remercier de m'avoir fait une place?

Monsieur Liang, après toutes ces années, je regarde encore mes faibles essais en peinture chinoise avec tendresse et je vous espère heureux au Québec, dans votre seconde patrie.

Lettre à un mari

Ainsi étaient les femmes pour toi : des gâteaux. Une multitude de gâteaux, de pâtisseries fines au goût subtilement sucré s'étalant en *crescendo* et à l'infini sur les gammes de ton palais gourmand !

Cet appétit faisait partie de la vision adolescente que tu avais de la vie : une chasse à l'expérience, à la découverte de toutes les facettes du monde, au mépris de toutes les contingences matérielles qui demandent un minimum d'implantation dans le concret.

Malgré ce qui me reste d'acrimonie à ton endroit, j'avoue que je suis responsable de ce que j'ai vécu avec toi, non seulement à cause de mon caractère, mais parce que je t'attendais avec une certaine impatience, toi ou un autre de ton espèce : un étranger. J'avais fait le tour, me semblait-il, des garçons belges, tous « fils à maman » incapables de faire une tasse de café le matin. Tellement élevés dans les jupes, qu'ils en étaient détestables au lit !

Je venais de quitter le journal et me concentrais uniquement sur la télévision. Les images me fascinaient, j'avais la parole facile et la télé, c'était l'avenir, non ?

Je t'ai rencontré à un mariage. Tu m'as trouvé quelque intérêt parce que j'avais tourné un bout d'entrevue avec un membre du FLQ. Le Québec nouveau qui s'implantait sous la gouverne de René Lévesque allumait en toi un feu d'étincelles. J'aimais ces fumerolles dans tes yeux. Tu te payais le luxe d'avoir un physique à la Rubempré, ce personnage de Balzac, filiforme, souple, le cheveu long, châtain clair, le nez busqué, l'œil sombre. Par contre, un accent rocailleux, une veste à carreaux rouges et noirs, de grandes bottes, te timbraient à l'image du Québec, genre coureur des bois, telle que nous la concevions en Europe. Tu le savais. Tu en jouais.

La trentaine allait bientôt sonner à ce que d'aucuns appellent l'horloge biologique. C'est sans doute pourquoi nous sommes passés si rapidement du stade amoureux transis au stade couple installé. La vie d'étudiante que je partageais avec ma jeune sœur a été mise au rancart sans transition et j'ai aussitôt chaussé les pantoufles maritales.

Tu terminais des études, je travaillais déjà dans le métier où tu désirais aussi faire carrière : la télévision. S'est-il infiltré dès ce moment une sorte de concurrence entre nous ? Sans que je m'en rende compte, je crois que oui, alors que je pensais que ce serait une source supplémentaire de complicité.

Quelques mois après, je t'ai présenté des personnes susceptibles de te donner du travail. J'avais des tas de contacts, je connaissais bien ma ville, pourquoi ne pas en profiter puisque c'est ainsi que fonctionne la société. Tu étais reçu partout à bras ouverts.

Ce fut une belle époque. Nous avions une foule d'amis, nous organisions des soirées extraordinaires à cuisiner, écouter de la musique, discuter, faire tourner des tables en prétendant que les esprits nous inspiraient. Nous avions des tas d'adresses de petits bistrots, de restaurants pas chers. Nous partions des fins de semaine entières en balades en Hollande, en France, en Angleterre.

Quand tu as commencé à folâtrer ouvertement et à collectionner les conquêtes, j'ai pris un coup au creux de l'estomac. J'aurais dû me tirer, te planter là comme une souche, me passionner pour les timbres ou les papillons! Ta défense fut des plus classiques : banales histoires de cul d'étudiant attardé, concurrence entre copains, *gnagnagna*! D'ailleurs, pour le prouver et te faire définitivement grandir, il n'y avait qu'une solution : avoir un enfant. Pouvions-nous le fabriquer sur l'heure?

Un enfant? Avais-je les tripes pour assumer une autre vie jusqu'à la fin de mes jours? Aurais-je le talent parental assez développé pour ne pas lui faire vivre ma désastreuse expérience familiale? Ma vie professionnelle allait-elle être retardée, ralentie dans un milieu où jeunesse et liberté étaient la norme? Enfin, pouvais-je te faire confiance pour partager le bien-être, l'éducation d'un enfant? Ici, tu ouvrais la panoplie de tous les projets, les espoirs et les capacités du parfait petit mari. Tu étais convaincu que l'enfant était la seule pièce qui manquait à l'équilibre de ta vie et, par conséquent, à notre bonheur.

Je rêvais à toutes ces belles paroles. Effectivement, quelle extraordinaire aventure que de former un être, de l'accompagner dans son évolution, de lui donner le meilleur, de le voir s'épanouir... Vite, vite, l'horloge avance. Si tu continues, tu seras une mère décatie, vieux jeu, vite décide-toi, 30, 31 ans, merde saute. Maintenant!

Ce ne fut pas de la tarte! Neuf mois à se coltiner les médecins, les échographies, les régimes alimentaires, les effroyables nausées. Je les sentais arriver surtout au boulot. Je me souviens d'une entrevue avec la splendide Catherine Lara, à l'époque une belle brune aux longs cheveux romantiques. Elle n'a jamais su que j'ai failli lui vomir sur les genoux!

Cette petite chose, cet amas de cellules à peine formé me vampirisait. Je maigrissais, je tombais de sommeil, j'avais du mal à marcher parce que les os de mon bassin jouaient des castagnettes pour s'adapter à mon état. Être enceinte c'est un *état*, pas une *maladie*. Pourtant tout vous tombe dessus : le fidèle estomac ne digère plus, le superbe squelette s'amuse en tous sens, la chair se tend, les jambes gonflent, l'intestin se défile, le cœur tourne !

Les nuits cauchemardent, les jours s'atrophient.

Mon réalisateur ne savait plus comment cadrer mes rondeurs. Il trouvait cela indécent une femme enceinte sur un plateau. Il faut dire que les proportions que prenaient mes seins tenaient de Fellini. Je rêvais que des téléspectateurs estomaqués ne voyaient plus de moi que deux immenses montgolfières séparées par la pointe d'un nez !

Finalement, dans un immense craquement qui me secoua comme l'impact d'un météorite sur l'écorce terrestre, la cosse s'ouvrit pour dégorger son fruit : une fille filiforme comme papa, aux cheveux auburn, à la voix bien timbrée et puissante, aux joues rondes, aux yeux noirs.

Tu étais fier comme un paon alors que j'étais terrorisée par cette petite chose qui demandait tout, tout de suite — attention, je vais brailler — au mépris de ma fatigue, de mes envies, de mes besoins.

Pour éviter que le pédiatre ne m'assassine d'impatience, tu me listais les multiples bobos qui peuvent affliger un bébé. Et à la mère, vous avez déjà pensé à la mère ? Une fois le fruit sorti, tout le monde s'en fiche de la mère ! Fini les attentions, les délicatesses, les serviabilités... On court, on torche, on lessive, on cuisine, on nettoie ! Heureusement, lorsque tu rentrais, tu adorais pouponner, biberonner, talquer, bichonner. La nuit, les angoisses m'accablaient. Je m'éveillais pour un rot de travers, un craquement du plancher, un coup de vent. En quelques mois, j'étais passée de la tranquillité d'esprit à l'inquiétude permanente. Il allait falloir que je m'y fasse pour le restant de mes jours...

Bébé poussait à merveille. Nous avions adapté nos vies à la sienne. Il nous fallait un nouveau défi. Une idée nous turlupinait : partir nous installer au Québec de René Lévesque. L'Europe stagnait entre crise pétrolière et crise économique, alors pourquoi pas l'Amérique en français ? L'été du premier anniversaire de bébé, nous avons fait nos bagages et vogué par-dessus l'Atlantique. Je ne savais pas trop comment j'allais faire pour vivre sans mes amis, ma sœur, ma ville, ses couleurs, ses odeurs. J'avais fermé les yeux et plongé tête première dans un avenir totalement imprévisible. Si j'avais été en mesure de me comprendre mieux et de t'évaluer à l'aune de ton caractère, je n'aurais jamais eu cette audace. Mais la vie n'est-elle pas, en soi, le saut de l'ange vers l'inconnu ?

Dès les premières semaines, dans la chaleur torride de juin, nous en étions aux affrontements directs. Nous devions nous rebâtir une vie. J'avais besoin aussi de ton aide pour comprendre ta société. Au lieu d'avancer, tu reculais, tu t'enfermais dans un mutisme que même le magicien Houdini n'aurait pu fracturer. Pour toi, j'étais devenue un mur, mais avec des sentiments humains, orpheline de son pays, de ses liens, déconnectée dans cette culture aux mœurs anglo-américaines, aux accents chantants, à la bonhomie latine.

Je te détestais. Je me détestais d'avoir accepté de m'exiler pour être plus seule qu'un ermite. C'était de la merde tout cela, toi, le pays, le climat... Colère, frustration, rage d'avoir joué honnêtement, d'avoir eu un bébé et immigré la même année pour un avenir meilleur, pas pour me faire avoir, pour devenir une laissée pour compte !

Pourquoi ne suis-je pas retournée chez moi?

Je l'ai souhaité. J'ai tenté de le faire. Chaque fois que je téléphonais à une compagnie de voyage, je pensais à mon enfance sans parents, à ma fille. Je me disais que je manquais de courage, de ténacité. Je ne voulais pas avoir l'air de m'être complètement trompée. L'orgueil est un étrange moteur. Je suis restée, mais j'avais perdu confiance en toi, à jamais. Tu as commencé à bouger quand tu as senti que tu risquais de tout perdre, mais c'était trop tard.

Mon premier travail à la télévision m'a sauvé la mise. Je revivais, je t'échappais, je défiais les sentiments noirs. Mieux cela allait pour moi, plus tu calais. Je travaillais beaucoup. J'étais plus à ma place là que chez nous. Entre-temps, le bébé avait fait place à une adorable petite fille. Nous la préservions de nos problèmes le plus possible. Nous étions au moins d'accord là-dessus.

Dans les moments de cafard, je serrais les dents. J'avais peu d'amis, un mariage foutu, un pays qui n'était pas le mien, une solitude incrustée comme un tatouage.

Quand j'ai appris que tu avais d'autres amours, j'avais déjà rencontré un homme selon ma nouvelle religion: le travail. J'étais une aveugle qui retrouve l'usage de ses yeux dans la gloire du soleil matinal!

Le ver de la culpabilité n'est entré que plus tard dans la pomme de mon bonheur: ma fille allait-elle vivre sans père? À bien y penser, j'étais prête à verser toute l'eau qu'il faudrait pour laver la dalle que j'avais sur le cœur et préserver des relations suffisantes entre nous pour qu'elle puisse profiter de ses deux parents. Mon nouveau conjoint m'aida beaucoup en ce sens. En fait, je n'ai jamais compris comment des couples qui ont été assez loin pour avoir des enfants ne sont pas assez forts pour préserver l'équilibre de leur progéniture lorsqu'ils décident de ne plus vivre ensemble!

Maintenant, tu as refait ta vie, j'ai défait la mienne. Notre enfant est une jeune femme sur laquelle nous veillons tous deux à notre façon. Elle seule, pourtant, a le don de tirer de nous ce dont elle a besoin, ce qui est le meilleur, le bon grain, avec toute la tolérance qu'il faut pour ne pas s'embarrasser de l'ivraie. Je suis d'ailleurs persuadée que s'il y a un but à nos vies, un destin, le nôtre était de mettre au monde cette enfant et de la laisser s'épanouir dans un monde qui lui convienne : le Québec.

Lettre à toi

Cette fin de semaine, après des années, je t'ai revu à une sorte de colloque dont les professionnels de l'information sont si friands depuis que leur métier s'en va en quenouille. Sans doute aiment-ils tant se réunir et faire des constats pour se masquer le fait qu'ils n'ont pas le cran de s'organiser, de lutter, de dénoncer. Tu le sais, tu fus une victime de ces purges qui ne touchent que les fous qui se battent seuls. Leur *Droit du public à l'information* est mou, gélatineux, élastique. Tant de fois mâché et remâché, qu'il en donne la nausée...

Alors, que faisais-je là? Une envie indescriptible de me retremper dans mon ancien environnement, celui que j'ai quitté, en partie à cause de toi et beaucoup, à cause de moi.

Quand je t'ai rencontré pour la première fois, cela faisait trois ans que j'avais quitté l'Europe. Mon mariage sombrait à une telle allure qu'il paraît que je le portais sur la figure. J'avais cru naïvement que d'aller vivre, avec mon enfant, au pays de mon *conjoint*, ferait de moi une immigrante choyée, tenue par la main pour aller au-devant de son nouveau pays. Quel bel envol, quel atterrissage raté! Il me brisa le cœur, fendit mon âme et fracassa ma confiance. J'avais tellement besoin de ce nouveau départ qu'il me rendit aveugle. J'étais seulement présente à mon rêve de bâtir un nid chaud et douillet pour ma famille.

Lorsque je t'ai aperçu, tu étais, toi aussi, un immigrant, un communicateur, la moitié d'un couple bancal. J'aimais ton esprit caustique. Cette façon que tu avais de remettre continuellement l'autorité en cause, ta liberté d'expression, la rigueur de tes raisonnements. Je coulais quand tu maniais le charme en faisant rire, en étant prévenant. Tu jouais du verbe comme personne, malgré, et peut-être surtout, à cause de la barrière de la langue. Passais-tu tes nuits la tête dans le *Petit Robert*?

En colère, tu assenais les mots comme un marteau-piqueur, avec force, rythme, rigueur. Tu forais implacablement ton trou dans l'argumentation de l'autre, l'agrandissant à mesure du plaisir que tu prenais à la défaite de l'adversaire.

Tu avais l'âme d'un politicien. Tu avais pris aisément la tête d'un mouvement de contestation dont nous étions tes sujets à l'intérieur d'une émission de télévision dans la station pour laquelle nous travaillions tous les deux. J'étais fascinée par ton aisance, par ce sentiment d'assurance totale que tu dégageais. Tu étais tellement certain de toi que cela en devenait contagieux. Moi qui avais tendance, depuis quelques mois, à reprendre ma vie en zigzag, tu me proposais un choix: redevenir journaliste et refaire ma vie avec toi!

Me souvenir de cela me fait encore trembler, comme si le temps de cette vie était toujours à la portée de ma main et non disparu dans le gouffre des souvenirs, des pertes inéluctables, digéré déjà par Chronos.

Pourtant, cette rencontre fut loin d'être triste. Nous avions, toi et moi, le goût de mordre dans le fruit de l'exaltation à pleine gueule. Il y avait de la jubilation, de la tendre violence dans nos amours. Nous nous voulions totalement l'un l'autre. Nous faisions l'amour dans des motels sordides avec fébrilité, rire, dérision. Jamais je n'avais connu autant d'ardeur. Une explosion d'étoiles, des lapins qui sautaient d'un chapeau claque, un feu d'artifice de jouissances... Ton corps était mon refuge, un rempart contre les intempéries du monde, un vaisseau de voyage hors du temps! Nous étions des collégiens. Nous volions du temps au travail, à nos familles avec une parfaite mauvaise foi, sans repentir parce que cela nous était dû du fond des âges.

Quitter l'autre moitié, assumer la trahison, les reproches, les rancœurs, supporter la peine innocente des enfants furent des moments sans nom, des perforations tragiques dans le tissu d'un bonheur naissant. Vinrent ensuite les vengeances par enfant interposé. Et que dire de la famille reconstituée, des jalousies, des différences culturelles, des dérapages? Tant bien que mal, de concession en concession, de négociation en atermoiement, nous avons quand même recréé ce qui pouvait ressembler à une famille.

Cependant, vivre ensemble modifiait nos rapports. Tu m'apostrophais souvent comme une conquête des pays du sud au détriment de ceux du nord. L'abordage verbal était alors cinglant. Il fallait rabattre le caquet de cette petite blonde du nord qui se croyait tout permis! Que diable, la reddition complète voulait qu'elle passe sous les fourches Caudines. *Ave Caesar!* Tu te mis à procréer une jalousie lourde, épaisse, ponctuée d'interrogatoires serrés qui me mettaient en lambeaux. Je me refermais comme la moule que j'ai souvent été. J'avais envie de remettre en pratique le «courage fuyons», credo de toute ma vie. Je l'ai fait plusieurs fois. Cela n'a fait qu'alimenter le feu jaloux de ton amour. Je tergiversais, je n'étais plus certaine de nous, que faisais-je dans cette nef folle?

Au bout de la crise, la réconciliation prenait un tel éclat, une telle splendeur de gestes, de mots fous, de tendresses, un tel embrasement des corps, que je ne pouvais vivre sans toi...

Que nous est-il arrivé pour que dix ans plus tard notre couple se dissolve? Il est si facile d'aligner les mots, de les amalgamer, de s'y cacher, mais au bout du tunnel sombre de la lucidité crue, tranchante, que reste-t-il?

Que reste-t-il de nos amours, que reste-t-il de ces beaux jours, des billets doux, des rendez-vous... une photo, vieille photo de ma jeunesse..., susurre tendrement Charles Trenet.

La passion a coulé au fond du Saint-Laurent, avec aux pieds le boulet du quotidien, le poids des emmerdements, des trahisons, des rêves inachevés, des visions tronquées et, de ma part, d'un manque total d'audace pour transcender un besoin maladif de sécurité.

Le plus difficile à encaisser, c'est d'avoir cru que nous avions un lien privilégié, tissé de toute éternité puisque la vie nous avait choisis dans des coins opposés du monde pour nous faire jouer au Big Bang sur cette terre de contrastes! Tout au long de notre histoire, nous n'avons pas vu, aveugles au royaume des sourds, combien ce pays nous ressemblait par ses contradictions, ses ambiguïtés, ses retournements brusques, sa chaleur humaine et son froid climat. Nous ne savions pas que cet amour se jouait à trois!

Ce qui me blesse maintenant, c'est de constater combien tu as miné scrupuleusement tout ce qui t'est proche, toutes tes vulnérabilités. Tu as embastillé ta vie, tandis que moi, perdue dans les limbes, je suis menacée d'implosion...

Comme disait Marguerite Yourcenar, il ne me reste que «le temps, ce grand sculpteur». Serait-ce vrai que nos vies ne sont que des solitudes branchées sur le courant alternatif de nos existences terrestres?

Quel amour est-il? Quand le bonheur tue, au ras des draps des lits défaits.

Quel amour est-il? Démence s'évertue, j'peux pas la voir sans la quitter.

Philippe Lafontaine

Lettre aux maîtresses de mes hommes

Cela fait longtemps que je ne suis plus une oie blanche. J'ai, moi aussi, raflé, de temps à autre, un homme à sa blonde, sa brune, sa rousse ou sa noire, mais jamais à une amie, une *chum*, une sœur!

Un soir de cafard, j'ai fait l'amour avec le *jules* d'une amie, mais ce fut seulement un geste d'amitié, un baume sur notre désespérance. Nous le savions. Cela ne s'est jamais reproduit. Nous n'en avons parlé à personne, même pas entre nous.

Un jour, j'ai eu un fort penchant pour le mari d'une jeune femme que je fréquentais. Je crois que de son côté, je ne lui étais pas indifférente non plus. J'ai remisé mes sentiments au fond du *no man's land* de mon petit univers.

C'est pourquoi je ne vous ai pas comprises : vous m'avez piqué mes bonshommes comme ça! Comme si c'était normal, alors que peu avant, vous mangiez chez nous, que je prenais un verre chez vous... avec eux!

Non, non, non, ne croyez pas que je vous prenne pour les seules grandes coupables. Les vilaines bonnes femmes dévoreuses de ces pauvres mecs, sans défense. Eux aussi m'ont honteusement trahie, bafouée. Ils m'ont tordu le cœur, éventré l'estomac, ramolli le cerveau. Ils m'ont crucifiée au mur du doute. Ils ont introduit dans ma chair le cancer de la suspicion et du mépris.

Mais voilà, ce sont des hommes! Y aurait-il des hommes volages, s'il n'y avait pas des femmes qui les dévoient?

Ma grand-mère le disait déjà, il ne faut que deux choses pour attraper un homme: du sexe et de la bonne cuisine. Étiez-vous plus sexy que moi? Passiez-vous vos nuits et vos fins de semaine à concocter de bons petits plats? Il me semblait pourtant que lorsque nous venions en visite chez vous, c'était bon, mais rien de délirant! Alors... que s'est-il passé? Avais-je, peut-être, meilleur goût que vous en la matière et vous ne pouviez pas résister à mettre la main là, où... enfin, j'avais été avant vous?

Il faut avouer que vous aviez de la chance. Je les avais notablement améliorés, tant leur maman ou leurs blondes précédentes n'avaient pas été à la hauteur. Lorsque vous vous êtes emparées du pouvoir, ces charmants amours ramassaient leurs chaussettes, rangeaient leur linge, faisaient la cuisine et rentraient à l'heure! C'était presque une consolation pour moi de constater, malgré mon désespoir, qu'au moins tous les soins et l'éducation que je leur avais prodigués ne tomberaient pas entre des mains inconnues, mais chez des amies qui sauraient en apprécier la qualité.

J'étais d'ailleurs prête à un grand compromis. Vous vouliez mes hommes? Très bien, je vous les laissais à condition de devenir, moi, la maîtresse!

Tout compte fait, ces nombreuses années d'intense investissement pour améliorer les produits m'avaient fatiguée et quelque peu blasée. Le quotidien a la fâcheuse tendance d'user les coutures du revêtement amoureux, comme les pas viennent à bout de la moquette. Au bout des jours enfilés sur le fil de la vie, l'imagination, au départ si féconde, fait place à une certaine répétition. On connaît les stratégies de l'autre, il voit venir les nôtres de loin. Le travail et la famille bouffent tellement de notre temps, de nos énergies, de notre substantifique moelle, qu'il faut la force peu commune d'un amour éternellement au même diapason pour se garder, l'un à l'autre, la vérité, la fraîcheur du début...

Je vous proposais donc d'inverser: vous preniez le quotidien avec mes chéris, pendant que moi, bonne fille et vraie copine, je me contentais des restes: les rendez-vous à la sauvette, les folles nuits d'amour volées dans des hôtels clandestins, les coups de téléphone remplis de mots d'amour susurrés dans la peur d'être découverts, la surprise de trouver un amoureux transi sur le pas de ma porte, un soir de poudrerie...

Je les consolerais de vos disputes, des problèmes causés par «nos» enfants, de leur travail trop pesant. Je serais le repos des guerriers. Je leur mitonnerais des petits plats que je sais, et pour cause..., être leurs préférés.

Mais voilà, ma proposition vous a fait réfléchir vous aussi sur votre condition. Vous étiez bien prêtes à me piquer les mecs, mais quant à les assumer au quotidien... tintin! Comme si c'était des soldes non conformes, finalement, vous me les avez renvoyés! J'ai été obligée de récupérer la marchandise en plus des intérêts encourus lourds à assumer: dévalorisation de la confiance!

Qui me garantissait que vous ne reviendriez pas à la charge? Ou si ce n'était pas vous, ce serait une sœur, une amie, traîtresse, allumeuse, agace-pissette et compagnie?

Un pot recollé, est-ce encore le même pot? Non, c'est un pot recollé.

J'ai perdu mes hommes et mes amies. Désormais, je ne cuisine que pour moi seule. Mes hommes qui ne sont plus miens trouveront d'autres niches, mais qui sondera l'invraisemblable solitude de mes nuits sans chaleur?

Lettre à un barman

J'ai vomi. J'ai vomi durant un jour et une nuit. J'ai vomi mes tripes, mon cerveau, mon cœur, mon enfance, mon adolescence, ma vie de femme. Je t'ai maudit Jacques, je t'ai voué aux géhennes, toi que je croyais de mon côté. Toi qui me tiens si souvent la main depuis un mois.

Je sais. Tu m'avais prévenue. Il ne fallait pas que je boive trop. Surtout ce tord-boyaux. Tu m'as vue, accrochée au bar, tanguant sur un tabouret comme l'*Exxon Valdez* au moment du naufrage.

Au début, je n'ai pris qu'un verre ou deux de cette tequila, en te regardant travailler. C'était comme d'habitude, un samedi qui avait fait son plein de gens qui me ressemblent, trop seuls pour se supporter. Le dénuement de la semaine me permettait de te parler, mais le samedi tu n'avais pas une minute, entre bières et cocktails. Je regardais tes mains habiles aux mélanges, ton corps qui suivait la musique, tes boucles noires, légères qui te donnaient un air d'éphèbe.

Au quatrième morceau de citron suivi du liquide clair et incendiaire, j'avais envie de toi, même si je sais que tes goûts sexuels sont trop semblables aux miens et donc m'excluent.

À la cinquième tequila, que tu avais réduite de moitié, mon salaud, je me suis souvenue que j'avais fait ta connaissance il y a un mois, pour oublier. Oublier son corps chaud aux creux des draps, ses bras, sa tendresse. Oublier ses trahisons. Oublier mes attaques, mes sarcasmes, mes jalousies. Surtout oublier ce manque de lui au centre de mon corps, de ma vie!

Et maintenant, que vais-je faire, de tout ce temps que sera ma vie?, chantait le Gilbert Bécaud de mon enfance. Ma mère l'adorait. C'est à cause de cette chanson, Jacques, que je suis entrée dans ton bar la première fois. Ce n'est qu'à la quatrième visite que je t'ai raconté pourquoi j'étais là. J'ai répandu ma douleur sur ton comptoir parce que j'étais trop fière pour la raconter à mes amis. Toi, tu étais tout le monde et personne. Un être sans jugement, extérieur à ma vie, dépositaire de dizaines d'existences pareilles à la mienne. Tu trônais tel un Dieu. Au moment propice, tu as sorti une boîte de Kleenex. La seule fois où j'ai rencontré une psychologue, elle avait eu le même geste, avec le même sourire maternel... Il n'y avait personne dans le bar. Après que je me sois vidé le cœur et rempli l'estomac de deux Campari (cela me rappelait l'amertume de mes amours déchirées), tu m'as proposé un bras de fer! Je devais avoir les yeux comme des soucoupes. «Cela défoule, m'as-tu dit, rancunes, peines, frustrations, solitudes ont besoin de sortir.» Je me suis défoncée. En rentrant dans ma tanière, mes angoisses me faisaient la guerre. Mon dernier homme m'a laissée seule au milieu des carcasses d'un sacré champ de bataille, face à face avec mon impuissance à vivre, à assumer, à accepter son départ. Cette insondable solitude de ma chair enfermée dans ce sac de peau... Je n'arrive plus à communiquer, si ce n'est avec toi, Jacques, après deux ou trois verres.

J'ai quarante ans passés. Je vois se profiler la vieillesse, le vide, le non-amour, la passivité, et j'ai envie de hurler!

Jamais, quand j'étais adolescente, je n'ai pu concevoir que je resterais seule. Au contraire. Mes parents se sont déchirés toute leur vie. Je savais que je vivrais différemment. Amour, tendresse et succès m'attendaient. J'allais tout réussir : mon couple, les enfants, la carrière. Rien n'était à l'épreuve des nouvelles femmes de ma génération.

Mon premier conjoint voulait un enfant, mais il aimait les femmes, *toutes* les femmes. Le second vivait dans l'instant, et préférait le boulot à tout au monde.

Et moi, je suis impossible à vivre, sauvage, rebelle, tatillonne, rouspéteuse ! Je n'ai pas été capable de me construire la vie de mes rêves. Je croyais que le couple d'aujourd'hui était basé sur une nouvelle donne : l'homme et la femme étant *partenaires*, partageant les charges, les responsabilités de la vie, ainsi que ses plaisirs... Je t'en fiche, c'est pire qu'avant, au temps des parents, et le quotidien tue plus sûrement l'amour qu'un exocet (pas le poisson, la torpille !). Pffffuit ! Disparue la belle histoire.

Ma fille est en vacances avec son papa. Je suis entrée dans ton bar soûler ma vie. Tu m'as tenu la main presque tous les soirs, Jacques, et j'ai déposé ma peine écorchée sur ton comptoir jusqu'à ce soir où une demi-bouteille de tequila a failli me tuer *drette*.

Du fond de mon lit, je te déteste et te remercie. Ce remède de cheval m'a vidée de mon désespoir, de mon amertume collante, de mes fantômes tapageurs. Ma fille revient dans quelques jours. Elle trouvera une mère remise à neuf parce qu'elle a enterré son passé à jamais. La vie est belle, Jacques. Merci pour tout. Je ne reviendrai jamais dans ton bar, d'autres vies m'attendent, d'autres passions, mais je ne t'oublierai pas, ainsi que ta tequila....

Lettre à une amie

Que serait la vie sans amitié? Comment aurais-je pu vivre toutes ces années sans ta présence? Je n'ai plus d'homme, plus d'enfant, mais toi tu es là. Tu me connais mieux que moi-même. Je parie que tu pourrais décrire par cœur mes tics, mes manies, mes poses, mes bons mots... Tu écoutes jusqu'à mes tremblements. À la voix, moulinée par le fil du téléphone, au souffle, tu peux dire si je craque ou si je jubile. Nous sommes mieux qu'un vieux couple, nous sommes le miroir l'une de l'autre, confrontées aux mêmes dilemmes, aux mêmes vérités, à la même lucidité, aux mêmes nostalgies, aux mêmes espoirs.

L'amitié telle que nous la portons l'une envers l'autre, c'est le désintéressement de l'amour maternel avec la connaissance profonde qu'ont les couples qui survivent, mâtinée de considération.

Je suppose que l'amitié, c'est la façon qu'a la vie humaine de colmater les béances des passions, des disparitions, des bouleversements. C'est le baume des anciennes douleurs, le bonheur de trouver l'alter ego envers lequel on ne ressent rien d'ambigu. C'est la chance d'une relation exceptionnelle qui peut durer une existence entière et se bonifier avec le temps.

Ah! Ma belle amie, *que serais-je sans toi que ce balbutiement?*, dit le poète. En qui pourrais-je puiser de l'énergie quand les murs ne me renvoient que l'écho de moi-même, quand les battements de mon sang ne font que tourner des histoires anciennes, me privant de vision d'avenir? En qui pourrais-je avoir une confiance aussi totale?

Et le rire, la complicité? Avec qui pourrait-ce être plus spontané, moins trafiqué? Il est impossible que nous soyons autres que nous-mêmes, que nous jouions, ne fût-ce qu'un tant soit peu, le personnage que nous aimerions tant être!

Tu es devenue mon amie parce que tu étais une amie... d'une amie, une exilée, une étrangère comme moi. Bien que nées sur des continents différents, dans des milieux différents, nous avions bien des points communs. Ensuite, les années ont laminé les différences, les aspérités, jusqu'à nous permettre de nous comprendre sans un mot. Dans toutes les embûches de ma vie, j'ai pu compter sur ta sollicitude. Tu as également porté toutes mes joies, me les rendant ainsi plus grandes par l'ampleur qu'elles trouvaient en toi.

Dans le fond, nous n'avons jamais eu une histoire commune, mais nous nous aidons l'une l'autre à porter notre histoire individuelle. Tu connais le tricot de mon existence à une maille près. J'ai tant de fois déroulé l'écheveau de la tienne que pas un fil ne m'échappe. Nous sommes en mesure de nous analyser ainsi mieux qu'un psychiatre, parce qu'avec tendresse...

Parfois, tu enfonces un clou dans une partie sensible, je sais que c'est pour redresser mon mauvais penchant. Puis, tu changes de sujet pour aborder le léger ou la bagatelle. Le sparadrap est posé sur la piqûre.

Nous partageons une vision identique des hommes, cette moitié qui nous manque tant, mais dont chaque éclat blesse, tranche à vif nos sensibilités. Nous les aimons trop pour accepter les lacérations de certains compromis. C'est peut-être pourquoi nous vivons seules. C'est peut-être pourquoi notre amitié est si forte. L'équilibre du déséquilibre, voilà la grande équation vitale!

L'astuce, celle qui nous demande tellement d'ingéniosité, de patience, est d'arriver à être heureuses, sans illusion et en toute lucidité.

Nous avons eu des amours, nous avons vécu des passions en y laissant beaucoup de nous-mêmes. L'exercice actuel consiste à nous débarrasser du remugle des amertumes pour mieux nous distancer de celle que nous avons été et apercevoir celle que nous devenons!

Chiadé, diraient certains! Ben oui. Il y a des jours où notre dos est tellement mouillé d'angoisse que nous pouvons à peine l'exprimer. Même le téléphone se bloque.

Notre force, nous la puisons dans le rire, dans l'imaginaire, dans la culture, dans le beau et surtout en n'acceptant plus ce qui nous fait *chier!* N'est-ce pas cela le privilège de l'âge?

Notre différend, c'est que la mort t'effraie, même si tu en es encore bien loin, alors que moi pas. Je me verrais assez bien en esprit voyageur *zyeutant* le monde d'en haut, ou encore en vampire. Il y a tellement de salauds gras et repus que cela ne me déplairait pas de leur soutirer quelques pintes de sang aux hémoglobines bien nourries!

Si je mourais demain, il me manquerait des petits rien: le regard tendre de mon enfant, le soleil irradiant les érables à l'automne, une plante en fleur, dorée par un dernier trait de lumière, mes chats pelotonnés sur un sofa, au milieu des coussins et Mozart. Une pellicule de rêve sur le souffle du temps, puis la bulle éclate.

Belle amie, il me manquerait aussi ta présence unique, fidèle, chargée d'humour et de compassion pour celle que tu sais plus friable qu'il n'y paraît...

Lettre au Diable

Ils se sont royalement gourés les humains! Ils croient être des créatures de Dieu, alors qu'en fait, ils sont nés de vos œuvres...

Vous les avez tellement mystifiés avec la bonté, l'humilité, la pauvreté qu'ils y ont cru dur comme Dieu!

Pauvres humains, si perdus, qui se demandent toujours ce qu'ils font sur cette boule jetée dans le billard de l'univers! Ils sont si imbus d'eux-mêmes qu'ils ont avalé toutes ces fadaises à propos du sublime, du sacré, de la grandeur... les leurs, bien entendu. Ils se sont donné de grandes visions, des rôles de surdoués, alors que vous vous amusez à les regarder de haut, comme un gamin farceur, des crabes dans son épuisette!

Un jour de profond ennui, vous avez eu une idée au départ plus ou moins floue. Vous aviez déjà bien rigolé en fabriquant toutes sortes de bestioles: amibes, poissons, batraciens, dinosaures, ptérodactyles, brontosaures, et j'en passe. Avec enthousiasme, elles saccageaient et se dévoraient entre elles. Mais, à la longue, la lassitude vous submergea. Ces jouets-là étaient trop stupides pour varier les situations. Non, il vous fallait un être assez grand pour ne pas passer inaperçu, mais assez petit pour avoir peur de plus gros que lui. Il devait être plus intelligent que ces gros machins au cerveau rétréci, mais pas trop non plus! Le mieux serait qu'il soit intelligent, crédule, avide, menteur, violent, peureux, émotif, avec aussi de l'imagination pour se créer un monde et des possibilités multiples de choix pour embrouiller les pistes.

C'est ainsi que vous en êtes venu à ficeler un être à station debout, doté de bras et de mains habiles à travailler, d'un cerveau complexe aux multiples circonvolutions et raccordements: l'Humain.

Depuis, c'est le succès absolu. Ce monstre est inépuisable d'inventions pour détruire sa planète, son environnement, son habitat. Faisant preuve d'une agressivité que lui envierait le pire des fauves, il se mutile lui-même, se massacre, se torture, s'emprisonne... Et vous, vous le regardez avec la perversité de celui qui parie sur les combats d'animaux: chiens avec chiens, chiens avec rats, coqs avec coqs, humain avec taureau, etc. Pour ajouter à l'horreur et permettre à la terre d'absorber son quota de sang frais, vous lui avez donné l'intelligence barbare de se fabriquer des armes de plus en plus sophistiquées. Oh! la belle imagination qu'il y déploie: l'abominable délectation des bombes à fragmentations, des gaz, des révolvers semi-automatiques.

Chouette, chouette, massacrer le plus rapidement possible: passer les cadavres à la télé, avoir une larme à l'œil puis lire les détails scabreux à la première page de son quotidien favori: *On a trouvé une tête tranchée à plus de vingt mètres du corps. Voir photo.*

Miam, miam, la bonne conscience: un million de réfugiés et un demi-million de morts (seulement?) dans un pays d'Afrique (tous des barbares évidemment, en 40, on les a mis dans des fours, c'est plus propre!) parce que personne n'avait intérêt à arrêter la guerre. Nouvelles télé: visages d'enfants qui ne riront plus.

Donnez, donnez, M'sieurs-Dames : la charité pour laver la conscience de ne jamais injurier nos politiciens pour leur incurie, leur laisser-faire. Après tout, nous avons aussi nos problèmes : la crise, les impôts, tout, quoi. Donnons, on parlera de nous à la télé, nous pourrons dormir jusqu'à la prochaine fois, dans deux semaines, il ne manque pas de Tchétchènes, de Bosniaques, de Tibétains, de Mexicains, de Rwandais, de Congolais ou de Guatémaltèques en perdition. On tue mieux et plus vite. Les Barbares sont partout, M'sieurs-Dames, le Diable veille, il est content. Vous priez Dieu, mais vous servez bassement Méphisto. Il a toujours aimé être une éminence grise, occulte, manipulatrice. Priez Dieu, le Diable s'en fout. Tuez, le Diable est heureux.

Il souffle à l'oreille du mâle de réprimer durement sa femelle trop tendre, en contrôlant son sexe, son mode de vie, son travail, en montant contre elle la religion (quel bel instrument de guerre).

Il crée des vocations militaires, il valorise l'argent plus que l'humain et pour ajouter du piment, il crée quelques illuminés foncièrement bons. Hi, hi, hi, ces crétins vont se débattre pour de grands idéaux battus d'avance, c'est une question de nombre ! Mais ce qui compte c'est qu'ils y croient, qu'ils pensent être l'incarnation même d'un Dieu de miséricorde. C'est ainsi qu'on maintient les pauvres la tête courbée dans l'espoir immanquablement trahi d'un avenir meilleur, d'un paradis bientôt retrouvé...

Ainsi, siècle après siècle, l'humain ne vénère dans son histoire que le sanglant : guerres, révolutions, assassinats, déportations, fours crématoires, camps de concentration. Ses journaux, ses livres, son théâtre, son cinéma sont peuplés de meurtres, de décimations, de mensonges, de viols.

Si le pélican se mutile pour nourrir ses petits, l'homme le fait pour le plaisir, non, pour *votre* plaisir, cher Belzébuth méphistophélique!

Pourquoi cet animal est-il si bête, si lent à comprendre que sa violence se retourne immanquablement contre lui? Parce qu'en fin finaud que vous êtes, Monsieur Lucifer, vous avez trafiqué les choses et ce crétin croit qu'il a été créé par Dieu qui n'est que pureté. Persuadé que les souffrances qu'il s'inflige le conduiront directement au royaume de Dieu, il ne comprend pas que c'est vous qui tirez les ficelles du pantin qu'il est, tandis que Dieu n'est qu'un mirage qu'il atteint de façon fugitive, dans une œuvre d'art délectable, une musique sublime, un tableau divin. Ces moments lui apparaissent suffisamment souvent pour lui donner une idée de la déité, mais sont trop courts pour lui enseigner un autre mode de vie que l'horreur. Joli supplice de Tantale que vous lui avez mitonné!

Si bien que, quand cette création passe sa vie à croire qu'il est sur terre pour atteindre Dieu, en fait il est là à votre service, cher Méphisto, aiguillonné par ses fausses croyances!

Comment ai-je découvert le pot aux roses? En refusant de lire les journaux, en jetant ma télé aux orties, en vivant au fond d'une campagne retirée, dans un village paisible et bienveillant où vous aviez oublié de jeter votre poudre de méchanceté. Dans ce paradis oublié, j'ai cru que j'allais rencontrer Dieu jusqu'au jour où les camions de la ville sont venus déverser leurs ordures sous mes fenêtres. J'ai su alors que vous étiez omnipotent, omniprésent et *omnipathe* et que Dieu, c'est vous qui l'aviez inventé!

LE PAYS DE L'ENFANT : LA FAMILLE

Les familles heureuses se ressemblent toutes ; les familles
malheureuses sont malheureuses chacune à leur façon.

L. Tolstoï, *Anna Karenine*

UNE FAMILLE BOURGEOISE, une famille de femmes fortes, déterminées, parfois dures et haineuses où les hommes n'étaient que des ballots qui fermaient les yeux par lâcheté, pour avoir la paix, pour ne pas devoir prendre de responsabilités : voilà quel fut mon creuset.

Ce genre de famille est plus courant qu'on ne croit. Le jour où j'ai découvert l'écrivain François Mauriac, j'ai compris dans quel univers je grandissais.

Les familles me font peur parce qu'elles sont des sortes de dictature, elles croient qu'elles ont Dieu et le Droit de leur côté et qu'en vertu de cela, elles peuvent commettre tous les crimes. Devenue méfiante, j'ai été incapable d'en former une ! Pourtant, lorsque je vois une famille heureuse, il en existe aussi bien entendu, mon cœur fond de joie et je ne comprends pas pourquoi la mienne fut si sombre.

En contrepartie, parce que je ne m'y sentais plus à ma place, elle m'a en quelque sorte obligée à partir découvrir le monde, à enrichir ma vie de nouvelles rencontres, de nouveaux paysages. Elle m'a donné l'occasion de ne plus être seulement d'un pays, mais d'être enfant de la planète aux horizons ouverts. Elle m'a forcée à me dépasser et pour cela, je demeure son obligée.

LETTRE À UN PÈRE

Jour de fête des Mères. Il pleut sur un printemps tardif. Je suis seule. Sans mari. Sans enfant. Tournée vers l'intérieur comme un gant, regardant mes tripes sanguinolentes avec complaisance. Fête des Mères! Je ne suis plus mère aujourd'hui, cher Papa, je suis fille, je suis *ta* fille, même si tu niches à six mille kilomètres de chez moi, de l'autre côté de l'eau, de l'autre côté de l'océan de mes larmes, de l'autre côté du moi que j'aimerais oublier à jamais...

Te rappelles-tu parfois le bébé que j'étais? Blond et rose sous le soleil dévastateur de l'Afrique. Et cette petite fille maigre, aux tresses en auréole dorée autour de la tête, aux genoux proéminents dont tu t'es débarrassée pour te venger du départ de sa mère? A-t-elle laissé une trace quelconque en toi? Et l'adolescente? Juste entr'aperçue de temps à autre, à peine regardée, mi-femme, mi-enfant, mi-garçon, mi-fille, projetée dans les aubes glacées et solitaires de ce petit territoire du nord de l'Europe qui n'arrive pas à être un pays, à peine seulement un bégaiement «Be, Bel, Belgique». Enfants, on disait «Bellechique» en riant, car à cette époque on ignorait le mot *chewing gum*, on n'engloutissait que des *chiques*.

Et la jeune femme qui rêvait encore, malgré tout, malgré « le drame », que tu lui dirais autre chose que des banalités, des passe-partout de mots qui font semblant d'être des liens. Notre famille est championne toutes catégories de ces mots creux, vides, qui cachent des tombes à peine fermées, des déchets, des crachats, pour ne montrer qu'un voile de respectabilité bourgeoise BCBG.

Dis, t'en souviens-tu?

C'est drôle, vois-tu, tout le monde dans ta famille croyait que j'avais hérité du caractère de ma mère, une cigale, sorte d'amalgame d'artiste et d'adolescente attardée, bloquée au fond d'elle-même pour n'avoir eu ni père, ni mère. Quelle erreur grossière! Je te ressemblais cher Papa. Naïve, poire et molle. Je voulais croire aux bons sentiments jusqu'à la mort et... j'en suis morte, deux fois, victime des terribles *fourmis*, ces femmes cannibales de ta famille. Celles qui ont fait de toi le Roi-mâle qu'elles manipulent selon leur bon vouloir tant qu'il est gavé et qu'on le laisse rêver en paix.

La caractéristique des fourmis, c'est leur allergie profonde pour tout être étranger, même fourmi, qui ne porte pas l'odeur du clan. Ma mère ne portait pas cette odeur et n'a jamais compris que son sort en dépendait. Elle a été éliminée. Elle gît détruite comme une larve, pauvre moignon de cigale.

Quant à moi, les fourmis ont dû découvrir que je ne portais plus l'odeur réglementaire. Elles ont cru déceler un relent dégoûtant de cigale qui mettrait le clan en danger de transformation. Stop-clignotant-processus-de-destruction-amorcé.

J'avais dix ans, je crois. La cigale et toi étiez, comme toujours, en voyage ou dans le grand Sud du Sud, dans la noire marmite de la colonisation. Moi j'avais été expédiée vers la civilisation, je vivais entre grand-mère et tante, entre ma peur du monde et mon envie de vivre. C'était l'été. Les vacances. Il y avait une rivière qui faisait un coude entre collines et tertres rocheux de Wallonie. Tante fourmi se baignait avec son petit quand elle a glissé vers le coude qui l'aspirait sans bruit. Je me suis aussitôt portée à son secours, mais c'est moi que la rivière a aspiré, jeune chair fraîche inexpérimentée. Réfugiée sur le bord, tante fourmi ne bougeait pas. Un inconnu qui nageait comme un cloporte a sauvé l'enfant crachant eau et peur. Tout de suite, tante lui a fait la leçon: il ne faut rien dire, il ne s'est rien passé, la grand-mère fourmi pourrait en mourir... Première mort. Je me souviens encore du visage de mon sauveur, une trentaine d'années plus tard.

Petit Père, combien de vies nous donne-t-on à la naissance? Sept comme les chats, cinq, trois, deux? J'en ai reçu certainement plus de deux, car j'en ai déjà perdu plusieurs. Pour te raconter le scénario de la perte de ma seconde vie où tu joues le rôle principal, voici l'un de mes derniers rêves-cauchemars.

Cinéma

Un prestidigitateur s'avance sur une petite scène de cabaret. Chapeau claque, queue-de-pie noire, baguette magiquement noire elle aussi. Il est sans âge, sans visage précis, les spots projettent une ombre épaisse sur ses yeux d'éternité. Il annonce du jamais vu, du fantastique. Applaudissement. J'entre. Timide, fragile avec pourtant quelque chose de frondeur, de provoquant, mais de terriblement naïf. Je ne sais pas que je suis nue. Je voudrais me le crier: «Pauvre conne, regarde, t'es à poil, fous le camp, sauve-toi!» Je souris. Je suis presque heureuse que quelqu'un s'occupe de moi, me trouve assez importante pour me mettre en vedette, pour que je sois, un moment, le centre de sa vie.

Rrrroulement de batterie.

Je regarde le noir de la salle. Je ne vois rien. Toute cette lumière me coupe de la réalité. Je ne fais que sentir. Je sens des choses fines, dures, pointues qui entrent en moi, me transpercent, me fendent, me déchirent. J'ouvre la bouche. Je voudrais crier l'horreur de ces choses monstrueuses en moi...

Le prestidigitateur plonge deux doigts délicats entre mes dents et en sort des aiguilles à tricoter, des sondes rouge-orange comme des viscères et enfin une sorte de fleur déchirée rose-blanchâtre que je ne veux pas voir tant elle me donne envie de vomir. La salle applaudit à tout rompre au moment où je tombe au ralenti, comme une loque.

Les spots sont éteints quand je reviens à moi.

Je vois des gens qui sortent de la salle en bavardant. Je crois y reconnaître tante fourmi souriante se tournant vers tante Krista qui approuve de la tête et qui traîne derrière elle un tonton Paul docile, mais qui me regarde inquiet.

La petite fleur gît au milieu des objets pointus abandonnés. Le prestidigitateur l'a écrasée en sortant de scène.

Je sais qu'il faut que je me lève, que je leur montre que rien ne peut me casser, que je suis indestructible, forte, douée pour la vie, la vraie, celle qui est capable de voler au-dessus de la merde, de la bêtise, de l'assassinat.

C'est alors que j'entends comme un sanglot délicat, un souffle étranglé. Mes yeux cherchent qui est cette personne charitable qui pleure sur moi. Je ne vois qu'une transparence à peine reconnaissable. Un fantôme se tient le visage dans les mains. Le fantôme de ma grand-mère fourmi, disparue quelques années plus tôt vers des limbes meilleurs.

Fondu au noir

Je me réveille, pressant contre moi le chat Pirouette qui ronronne de tendresse.

Je suis morte dans cet avortement ourdi par toi et tante fourmi, exécuté par la cigale. Je me suis enfoncé moi-même les instruments de torture dans le corps, au milieu d'une salle de bain froide comme l'éternité de la non-vie.

Mais l'honneur était sauf, Monsieur, vous étiez loin, vous aviez les mains propres. Comme on a enterré à jamais les carcasses dont personne ne parle plus (d'ailleurs, ont-elles jamais existé?), leur odeur ne peut vous incommoder... quoique! Il ne fallait pas me laisser un souffle de vie, un morceau de cerveau, un souvenir... La sens-tu maintenant cette odeur du sang chaud et du petit cadavre pourri qui est sorti de mes entrailles? Moi, je la vis. À la place de l'œuf, de la pauvre fleur, la rage, la colère et la provocation se sont fait un nid.

Monsieur, votre fille aînée est morte à 21 ans, exécutée par les fourmis pour sauver l'honneur du clan.

Lui a survécu une autre femme que vous ne connaissez pas. Elle a donné un jour naissance à une fille (eh oui!...) que vous ne connaissez pas et à laquelle vous n'aurez jamais accès. Une enfant délicate, à la tête dorée comme sa mère, aux ailes diaphanes et azurées, qui apprend toutes les beautés du monde et regarde la vie avec de grands yeux calmes, mordorés comme un lac, une enfant pleine de confiance parce qu'elle se sait aimée. Je tiens chaque jour sa main sur mon cœur de mère qui ne comprend pas pourquoi, pour certains, un enfant ce n'est pas la plus belle, la plus extraordinaire, la plus précieuse chose au monde à chérir et à protéger!

Signé:
Une métisse fourmi-cigale qui a muté en être humain.

Lettre à une sœur

Tu n'es pas responsable. Ta naissance fut le point final mis sur un couple qui n'aurait jamais dû être. Ces parents t'ont fait porter le poids d'une responsabilité qui était la leur au premier chef. Mais comment aurais-tu pu le savoir? Dans l'innocence des débuts de la vie, tu as cru inconsciemment que c'était toi qui semais le désordre et c'est aussi ce qu'ils voulaient que tu croies: fais-pas-ci, fais-pas-ça, veux-tu-m'écouter-non-d'une-pipe, tu-l'as-méritée-cette-fessée! Alors tu pleurais, petite fille malade, petite pâleur squelettique dans la fournaise africaine, brin d'herbe qui aurait bien poussé si la terre familiale n'avait pas été si désertique et sans oasis...

Quand tu as pesé trop lourd toi aussi, ils t'ont renvoyée en Europe, chez la grand-mère. Cette décision t'a sans doute sauvé la peau et les os. Tu avais le ventre rond et les genoux cagneux des enfants rachitiques, bouffés par la malaria. Avec une patience de moine enlumineur, grand-mère t'a reconstruite, biscuits après bananes, une santé. Tu t'es arrondie. Tes joues ont pris des couleurs de pommes fraîches. Tes cheveux blancs se sont épaissis et dorés. Coupés courts, ils te donnaient l'allure d'un joyeux lutin.

Tu as toujours été plus renfermée, plus secrète que moi, moins aventureuse aussi, mais tu aimais suivre la bande d'enfants que nous formions dans le quartier. Nous organisions des jeux de gendarmes et voleurs, des mariages, des randonnées aussi mouvementées que les aventures d'Indiana Jones!

Un de ces rares jours d'hiver avec neige, nous avions sorti la luge pour aller glisser, avec tous les enfants du coin, dans une prairie bien pentue. À cheval sur notre engin, nous nous lançâmes, avec force gestes, à la suite de nos compagnons, sans nous souvenir qu'il y avait un ruisseau au bas de la côte. Le poids de nos corps nous faisait prendre de la vitesse et menaçait de nous jeter à l'eau. M'en apercevant, je me mis à jouer des pieds pour diriger notre bolide vers un tertre enneigé que je venais de découvrir et qui, je pensais, bloquerait notre course. Les deux jambes en avant pour amortir le choc, nous entrâmes dans une motte de beurre qui se révéla être une meule de purin... Nous sommes sorties de là en suffoquant, couvertes de fétus de paille et nous sentions si mauvais que le fou rire nous terrassa. À nous regarder l'une l'autre, le visage, les cheveux, les vêtements pleins de merde et d'urine de vaches, c'était irrésistible! Les amis y ajoutaient toutes les blagues salaces de leur répertoire avec un évident bonheur. Il faut dire que nous n'étions pas encore tous si éloignés de la phase *caca-pipi-lolo*!

Le plus difficile fut de rentrer dans cet état chez grand-mère...

Tu es plus jeune que moi. Je suis donc celle qui t'a ouvert la porte vers l'extérieur, hors de la mafia familiale. Arrivée à l'adolescence, quand j'étais mal à la maison, je vivais le plus possible dehors, avec des amis. À cette époque, je n'ai pas le souvenir que nous ayons vraiment partagé nos sentiments. Nous étions plutôt compagnes de jeu. Tu détestais perdre, ce qui me donnait un malin plaisir à te faire enrager en trichant honteusement. Une fois constatés les dégâts, je te laissais gagner en faisant semblant d'être désespérée...

Notre écart de maturité s'est amenuisé avec l'âge. Tu étais ce que je n'étais pas : réservée, secrète, économe, les pieds sur terre. Avec mon côté extraverti, bouillonnant de projets, de sorties, fréquentant plein d'amis, je te complétais assez bien.

Quand nos parents ont repris leur vie voyageuse, nous avons partagé un appartement tout en terminant nos études. Ce fut sans conteste la plus belle partie de notre jeunesse. Nous vivions intensément entre nos cours, nos amis, nos amours. La vie était extraordinairement riche de toutes nos expériences. Loin de nos parents, nous nous épanouissions enfin. Tout était possible, tout était beau, nous avions le cœur gonflé à bloc et l'aventure commençait chaque matin! Quand l'une pleurait un amour, l'autre la consolait; quand l'autre partait en voyage plusieurs mois, l'une veillait au grain pour que le petit ami de l'autre ne disparaisse pas dans la nature. On ne sait jamais, il y a tant de brume en automne... L'appartement ne désemplissait pas. Nous avions un succès fou et beaucoup de nos amis voulaient nous épouser toutes les deux ensemble, pour avoir une femme *parfaite*.

Nous avons profité de cette belle époque pour voyager en Europe, en Amérique, nous avons travaillé dans des équipes de cinéma, fait de la radio, de la télé. Tout était étonnant, accessible, à portée de main, il suffisait de prendre!

Malheureusement, le bâton de l'âge nous pousse tel un âne récalcitrant. Fais donc les mêmes bêtises que les autres, deviens donc adulte! Je t'ai quittée pour un étranger que je devais suivre dans son pays de neiges rudes et d'étés étouffants. Cette séparation a distendu nos relations, les rendant floues, entre présence et oubli, entre sororité et amitié. Tu as choisi de travailler à la télévision nationale, encadrée du confort de la fonction publique. Tu as opté pour la prudence. La folie, tu l'as mise dans tes amours en te choisissant aussi un consommateur de femmes, le temps d'avoir un fils, et zou… tu t'es retrouvée seule. Ici, nos destins se sont rejoints, mais sur des continents différents.

Sont-ce les relents de l'enfance qui nous portent vers des hommes qui ne nous conviennent pas ou le fait que nous faisons partie d'une génération qui a remis en cause la famille, le rôle de la femme, mais sans prévoir de réalignement? Ma théorie est que nous, les hommes et les femmes, nous devons redéfinir un nouveau mode dans nos relations, une nouvelle façon de vivre ensemble, de travailler, d'avoir des enfants. Cela urge! Nous avons donc joué de malchance toi et moi, en accumulant les handicaps. Pourtant je sais que tu t'en tireras, comme toujours. Tu as l'aspect fragile, mais la flexibilité et la résistance du roseau. Discrètement, sans vague, tu tires ton épingle du jeu, tu calcules, tu supputes, tu prépares. Où je tempête, tu négocies, où je fonce, tu tempères. Tu sais économiser tes ressources, tes énergies. Tu es faite pour durer, alors que je suis toujours à deux doigts de l'explosion. C'est ma nature. Je sais que je partirai en feu de joie, en étoile filante. Cela m'arrange.

T'avoir eu dans ma vie a adouci les angles, atténué les aspérités, accentué l'humanité de mes rapports. Nous avons pu faire front commun contre la famille, raffermir nos défenses pour ne pas être dévorée crues par ces cannibales. Tu m'as aussi permis de me rendre compte que les sentiments de détresse, de colère qui pourrissaient mes relations avec nos parents n'étaient pas une création de mes délires, car tu les partageais. Tu as été mon thermomètre, ma mesure, ma partenaire, mon amie et... ma sœur!

LETTRE À UNE MÈRE

J'ÉTAIS DEVANT TOI, les jambes molles, les yeux griffés par la fatigue. J'avais dans le corps 48 heures sans sommeil, décalage compris et 6000 km en avion. Depuis 16 ans, j'avais quitté ce pays où tu avais enfin décidé de déposer tes valises.

Tu étais allongée, si petite, si maigre, si cireuse, si autre. Tu ressemblais à la momie de Ramsès II, la peau parcheminée collée à l'ossature parce que l'âme avait emporté avec elle toute la chair vive. Elle ne nous avait laissé que la gangue, en souvenir de toi.

J'arrivais trop tard. Quand on habite loin, on dirait que le temps rétrécit à l'inverse de la distance.

La tête sous un crucifix, dans cette lugubre pièce de sous-sol transformée en chapelle ardente, tu mettais un point final au délabrement de tes rêves.

Une jeune femme qui travaillait dans cette maison de repos (un joli nom pour le purgatoire) nous avait dirigées, ma sœur et moi, par un dédale de couloirs, vers un garage, puis ce réduit où des fleurs en plastique et de la verroterie faisaient leur possible pour accéder à la solennité.

J'appréhendais cette rencontre. Pourtant, je n'ai rien ressenti, sinon une sorte de soulagement. Tu pouvais, enfin, retrouver la liberté de l'absolu.

Ensuite, en fouillant dans les débris de ta vie, j'ai retrouvé deux photos de ton mariage *made in* fin de guerre. Nimbée du voile blanc obligatoire, le bouquet traditionnel vissé sous le menton, tu avais un pauvre petit sourire. Ces yeux résignés trahissaient-ils déjà toutes les défaites qui t'attendaient?

Pour mieux comprendre, j'ai égrené le chapelet des années. Tu es née dans une famille aisée du début du siècle, à Bruxelles. Ton grand-père, un homme que tu disais austère, autoritaire et implacable, était vétérinaire de la cour royale de Belgique. C'est lui qui payait ton éducation entreprise par une grand-mère charmante que son mari dominait de toute sa *mâlitude*. Leur fille, ta mère, était un être irresponsable et volage. Une femme enfant. Elle avait divorcé de son mari, ton père, avant ta naissance.

Le terrible grand-père n'autorisait jamais ton père à te voir. Il le faisait donc en cachette, avec la complicité de la nurse qui te servait de substitut de mère. Malheureusement, cela n'a pas duré. Il s'est lassé de cette guerre à l'enfant. Tu ne garderas de lui que la photo brunie d'un bel homme de près de deux mètres, sur une rutilante moto.

Il a fondé une très prospère entreprise de déménagement, s'est remarié. Il est mort jeune, juste avant la guerre. Tu auras une demi-sœur que tu ne chercheras jamais à connaître!

Le grand-père te menait la vie d'autant plus dure que tu n'étais pas le petit-fils qu'il souhaitait avoir pour lui transmettre son savoir, son sens des affaires, ses biens, son pouvoir. Cet homme qui ne croyait qu'en la force masculine n'était entouré que de faibles femmes: une femme terrorisée, une fille idiote, une petite-fille sans couilles!

Tu faisais des études médiocres. Celles qui confinaient les filles à savoir bien tenir un ménage, coudre, faire des chapeaux, alors que tu avais un réel talent d'artiste. Tu jouais du piano, tu chantais, tu dessinais, tu peignais. Il paraît que tu fis une dépression vers dix-huit ans, sans doute après la perte de ta grand-mère, suivie de celle du grand-père dont tu avais porté toute ta vie la déception de n'avoir pas été à la hauteur...

Tu t'es mariée à 23 ans, à la fin de la guerre, avec le fils d'un militaire, mort en 1939 des suites de blessures récoltées en 14-18 ! Ce fils était très marqué par les femmes de sa famille : une mère dévouée et une jeune sœur qui avait reporté sur son frère l'adoration qu'elle avait pour son père. Cette dernière ne te pardonnera jamais cet enlèvement. Elle devançait le « Papa a raison » par « Mon frère a raison ».

Ta mère, toujours aussi dénuée du sens commun, flambera la fortune familiale durant les cinq années de guerre : restaurants, toilettes, amants, tout y passera, peut-être agit-elle ainsi pour se venger d'un père méprisant ?

En 1945, le pays en ruines n'offrait que peu de possibilités à un jeune couple en passe d'avoir un bébé. L'aventure africaine vous tentait tous les deux. Ton mari prit les devants pour préparer la maison et te donner le temps d'accoucher.

Le bébé que j'étais fut bien accueilli par la famille paternelle, mais personne n'aimait vraiment cette jeune maman qui rêvait en secret de grandes aventures, de faste et posait sur les photos comme Greta Garbo. Elle mettait plus de temps pour se parer que pour langer bébé. On ne lui pardonnait pas cela dans le clan des femmes où le devoir primait sur tout !

L'Afrique de ces années-là, c'était vraiment la vie réinventée. Chaque jour et parfois aussi les nuits apportaient leurs moissons de sensations fortes. Tout : les indigènes, les modes de vie, le climat, les animaux, la végétation, l'alimentation, tout changeait de l'Europe. Il fallait réinventer le quotidien sur de nouvelles bases. Le boulot d'européa-niser ce continent représentait un travail titanesque, mais qui aurait pu résister à ces jeunes énergies?

Vous viviez en brousse, ton mari et toi, avec pour compa-gnie les quelques autres Blancs des alentours. Le déracine-ment se prolongeant, cette promiscuité allait donner lieu à des échanges de couples et sans doute aussi à quelques apartés masculins avec des Africaines. Sujet tabou.

Accentuée par les années de guerre, cette frénésie de vivre tout ce qui était interdit dans la société bien pensante belge se passait en dehors des enfants élevés par les domestiques africains.

Je n'ai aucun souvenir de toi nous cajolant ma sœur et moi. Par contre, je vois encore souvent le visage de ma nounou avec mon regard d'enfant. Je suis dans ses bras, à cheval sur sa hanche ou encore je la regarde de bas en haut. Elle est tellement plus grande que moi.

La naissance de petite sœur se déroula dans un climat tendu. Ton couple allait bien mal. Cette grossesse t'avait rendue malade et petite sœur n'était manifestement pas petit frère! Perpétuais-tu le souhait de prédominance mâle de ton grand-père? Voulais-tu par là avoir plus d'as-cendant sur ton mari? Peu importe, tu n'aimeras jamais ce bébé qui portait malgré lui le poids de tes frustrations, d'autres diront de tes fautes...

Un jour, Père me conduisit très loin de chez nous, en pension, chez des religieuses qui m'ont maltraitée parce que mes parents n'étaient pas pratiquants. Il m'avait mise en prison parce que tu étais partie avec un autre homme. J'étais déjà punie d'être ta fille.

Tu me diras des années plus tard que c'était l'homme de ta vie, mais que tu étais revenue, humiliée, demander pardon à ton mari pour nous. Je ne t'ai jamais crue.

Vous alliez, quelques mois plus tard, me laisser comme un paquet de riz chez une grand-mère belge que je ne connaissais pas. Ensuite, ce sera au tour de petite sœur malade, rachitique, triste fillette blonde aux yeux trop sérieux pour son âge! Il faudra tout l'amour de grand-mère pour qu'elle accepte de manger autre chose que des biscuits Petit-Beurre. Il faudra lui reconstruire une santé, lui apprendre à rire, à être juste une enfant. De nous deux, tu n'as aimé que moi. Sans doute parce que j'étais la première ou parce que j'étais plus forte.

À partir de là, ta vie et celle de ton mari seront parallèles aux nôtres. Elles ne se toucheront que rarement et ce sera douloureux.

Tu avais choisi d'être une femme et non une mère. Tes enfants ont été élevés par le clan adverse, celui où l'on ne t'aimait pas. Quand elles auront du succès, tes filles seront à la ressemblance de leur père. Chaque fois qu'elles tomberont, elles seront à ton image: volages, irresponsables, fantasques, hystériques.

J'avais quinze ans. Nous escaladions la tour Eiffel, lors d'un de vos retours de voyage. Tu m'avais promis, en me parlant de ma féminité, que si un jour il m'arrivait quelque chose (sous-entendu: tomber enceinte), je pourrais compter sur toi.

Le jour où c'est arrivé, tu m'as laissé tomber. Tu as obéi au clan. Tu m'as sacrifiée. Tu m'as fourni les aiguilles à tricoter, les sondes en caoutchouc dénichées par tantine. Cela n'a pas marché. J'avais beau me torturer seule dans la salle de bain, rien ne sortait de mon corps. Tu as alors trouvé une femme médecin qui travaillait au Pakistan et qui a donné le coup de bistouri sur la table de la salle à manger, ainsi que les piqûres de pénicilline qui m'ont maintenue en vie.

Puis, après trente-cinq ans d'un mariage chaotique, ton mari a épousé une femme de vingt ans ta cadette. Une de tes amies.

Tu t'es repliée sur toi-même, comme un papier chiffonné. Lorsqu'une boule de sang lancée dans le bowling de ton cerveau a bloqué sa course brusquement, cela t'a enlevé la parole, le geste, l'autonomie, juste au début de la soixantaine.

Au long de ces dix dernières années, j'ai eu pitié de toi, de ta vie menée à l'emporte-pièce, sans un minimum de rigueur, à l'image de tous les travaux : tricots, crochets, dessins, émaux que tu entreprenais, mais que tu n'achevais jamais.

En voyant les cendres de ton corps se répandre sur une douce pelouse verte, j'ai su que tu avais quitté une vie que tu n'avais jamais pu réellement diriger.

Cela ne veut pas dire que j'ai réglé mes comptes avec toi. Pourquoi ai-je dû vivre sans mère ? Parce que toi tu n'en avais pas eu ? Pourquoi ai-je dû porter le poids de tes propres manques, de tes propres détresses, de tes propres irresponsabilités ? En quoi étais-je coupable ? Je n'ai pas eu de chez-moi, rien que des chez les autres ! J'étais perpétuellement en visite, comme un poids dont on pourrait se débarrasser s'il devenait trop lourd...

Tu as découvert le monde, voyagé, joué l'héroïne de la décolonisation. Je trouve cela bien, beau, bon. Mais nous tes enfants, que faisions-nous dans ce roman ? Qui étions-nous pour toi ? Que venions-nous faire dans ta vie ? Je ne l'ai jamais su et je me demande si, un jour, tu t'es posé la question ?

À la naissance de ma fille, tu m'as dit que tu avais l'impression qu'elle était ta fille. Tu me renvoyais ainsi, par défaut, l'image que j'étais moi, ta mère. Tu pouvais donc m'aimer ou me faire du mal, selon que tu avais aimé ou détesté ta propre mère... Par ce jeu de miroirs, quand tu assassinais ta mère, c'est moi que tu poignardais!

À cause de toi, j'ai dû être deux fois adulte. Adulte avant l'âge pour accepter d'être un enfant-paquet promené sur les flots sombres de la vie des adultes. Adulte pour ne pas imposer cette démission maternelle à ma fille, fille et petite-fille de fille sans mère !

Tout au fond de moi, je sens poindre le soulagement absolu : en allant rejoindre les mânes de tes ancêtres, tu m'as rendu mon identité, mon rang dans la lignée. Les miroirs sont brisés.

Lettre à un enfant

Tu danses sur ma vie comme le bonheur sur les cils de Dieu! Tu as donné un sens à ma désespérante quête d'absolu, d'amour simple et vrai. Tu as ouvert mon existence sur des sentiments inconnus et ma plus grande joie, depuis notre première rencontre, est de te regarder te transformer.

Pourquoi est-ce si difficile de t'écrire cela? Pourquoi ai-je tant de larmes d'impuissance devant les mots dérisoires, maladroits à rendre ma tendresse si pleine de te tenir, parfois encore, dans la parenthèse de mes bras?

Dans ces moments-là, je porte toujours en moi l'écho de nos deux cœurs battant à l'amble, tel un cheval à la course. Comme tu poussais en moi, drue, vigoureuse, te nourrissant de ma chair, me ligotant à la vie par la vie donnée! Il m'arrivait de m'arrêter n'importe où, au coin d'une rue, à la terrasse d'un café pour t'écouter battre au centre de mon corps. Vie dans ma vie, nous étions une poupée gigogne, l'une dans l'autre enchâssée.

Quand cette lente transformation m'effrayait, je te parlais avec la douceur que déployait ma mère pour apprivoiser une gazelle, une genette ou un chimpanzé. Tu étais mon petit bout de rien, mon petit pois, mon squatteur, mon vampire. Je te suppliais souvent de ne plus martyriser ta maison, ton berceau, ta mère à coups de pieds; de lui permettre de dormir encore, de travailler, d'avoir une vie quoi! Pour te calmer, je te racontais mes espoirs, mes rêves. Je te disais tout ce que nous allions faire ensemble, quand tu daignerais quitter ton nid tressé de mes tripes. Pour t'endormir, je te lisais des passages de mes livres préférés, te berçais au son de Mozart, Vivaldi ou Purcell.

Tu m'obligeais à remettre en question mon style de vie, mes priorités, mes quêtes existentielles. Tu me forçais à m'engager totalement, absolument envers toi, alors que l'enfant trop tôt sevré d'amour que j'avais été se nourrissait d'amours temporaires. Nous serions donc liées à jamais, c'était beau et totalement invraisemblable. Allions-nous être à la hauteur de cette alliance?

M'en as-tu voulu de ces doutes? Était-ce pour toi un manque d'abnégation maternelle? Je ne sais. Mais si c'est vrai, tu t'es cruellement vengée. Un matin, tu en as eu assez de jouer à la mante religieuse. Tu as pris des heures à déchirer ton cocon, à crever ton enveloppe protectrice, à me saccager, me labourer, m'exploser. Tu m'as envoyée plonger par delà la douleur, dans un délire total, une incandescence volcanique où l'être se dilue. Avant que je ne disparaisse à jamais, tu as eu la sagesse d'arrêter à temps le tourment et de te garder une mère vivante!

Au milieu de la nuit, quand j'ai demandé des nouvelles du monstre qui m'avait ainsi ratatinée autour de mon noyau central, une infirmière te porta à moi.

Avais-tu le cœur qui rugissait à l'approche de cette rencontre? Non. Les yeux fermés par de longs cils courbés, le visage cramoisi, la bouche dédaigneuse, les membres repliés comme une araignée sur le dos, tu te demandais si, finalement, tu avais bien fait d'entrer dans ce monde. Des tas de mains te tripatouillaient; les brassières et autres grenouillères te grattaient la peau, tandis que les langes te mettaient le feu aux fesses! Il te manquait ton nid amniotique, le glouglou des viscères maternels, la douceur étouffée des parois abdominales, le rythme berceur du chronomètre du cœur! Je comprenais que tu veuilles fermer les yeux sur la réalité crue dans laquelle tu avais plongé. Les larmes aux joues, je te regardais. Je t'avais fabriqué un corps minuscule, il me restait maintenant à te former un esprit, à donner un souffle à ton âme pour que tu grandisses d'abord en harmonie avec toi-même, puis avec le monde extérieur. J'ai pris du temps avant de comprendre que tu vivais encore comme une chrysalide, au rythme de tes fonctions biologiques. Les amis demandaient, en riant, des nouvelles du tube digestif. Je n'allais jamais assez vite à te préparer tes tétées, à changer tes langes, à trouver un bavoir propre. Heureusement que ton père veillait, tel Zeus lui-même, à la tête de cette galère où je ramais comme une forcenée.

Mon plaisir était de te raconter des histoires inventées, de te chanter ce qui me passait par la tête, de te tenir contre ma peau nue. Pourtant, j'avais autant de délectation à m'éloigner de ta tyrannie, et à te déposer entre les mains de parents temporaires. Ouf! m'éclater, aller au cinéma, danser, souper avec des amis, oublier pour quelques heures l'horloge caca-pipi-dodo!

Tu étais un bébé magique, toujours souriant, rondouillard, curieux, drôle, à l'affût des jeux et des cajoleries. Tu écoutais comme personne, le pli au front, concentrée sur les mots. Tu souriais au son d'une chanson. Tu entrais dans un rêve fabuleux, les paupières closes sur la musique joyeuse de Vivaldi.

Tu n'avais pas un an lorsque nous t'avons emmenée au pays de ton père. À ton âge, j'allais vers le Sud, toi vers le

Nord du Nord. Était-ce une redondance de ma part, ou la quête futile d'un ailleurs différent, alors que l'enfer, le paradis, le rien et le tout, n'existent qu'en nous ? Je pensais sans doute simplement que l'avenir n'existait qu'en dehors de ce que j'avais connu. C'était une façon de renaître. Tu avais changé ma vie, pourquoi ne pas changer aussi de monde ?

Tu as aimé la neige. Tu as adoré courir nue au soleil. Ta famille paternelle t'a reçue comme un Noël. C'est avec un œil émerveillé que tu as vécu ta première fête d'Halloween. Tu avais compris que les âmes déguisées en enfants étaient avant tout des enfants !

Mes relations avec ton père étaient difficiles. Je m'accrochais à toi, petite vie, pour garder le gouvernail plus ou moins droit.

Je rêvais de te ramener sur les sables de la mer du Nord et je promenais ma nostalgie sur la rue Saint-Denis, chez une amie qui soignait ma détresse. Peut-être est-ce à cause d'elle que je suis restée, les deux pieds calés dans la *slush*, toi dans mes bras, la tête entre ciel et terre.

Pour m'assurer que j'existais, je te chantais du wallon : *Bonsoir, Marie Clapsabot, trossez ben vos cottes quand vos irez youplaboum !* Tu riais si bien, tenue à bout de bras. Ce rire rauque, venu du fond de la gorge, je l'entends encore. Il n'y a rien de plus beau au monde ! Le rire d'un enfant, c'est un collier de perles autour de l'âme, une cantate au souffle vital. Petite fille, j'aurais fait n'importe quoi pour ce rire, j'aurais affronté tous les démons, toutes les sorcières, tous les lutins, c'eût été facile ! Mais comment saurais-tu que les pires ennemis, les plus grandes trahisons nous viennent de ceux que nous aimons, ou pire, de nous-même...

Très tôt, tu as développé cette capacité de trouver en chacun ce qui te convenait. Tes grands yeux s'ouvraient sur les gens, sur le monde avec une dévorante curiosité.

Faire venir des gardiennes, inconnues le plus souvent, pour me permettre de chercher un travail m'était un supplice. De même, plus tard, à l'aube, te déposer à la garderie les jours où le froid était tranchant comme un couperet. Quoiqu'en disaient certaines féministes à l'époque, c'est inhumain pour une mère de déposer son jeune enfant entre d'autres mains comme un paquet en consigne!

À trois ans, tu as commencé à fréquenter la garderie. Ta nature sociable était comblée par tous les amis que tu y avais. Chaque fois que je prenais du retard à cause du travail, j'imaginais ta petite silhouette solitaire, attendant ses parents toujours occupés, au milieu des jouets délaissés par les amis qui avaient des géniteurs plus disponibles et ponctuels! Quelle patience tu avais avec nous, petite fille!

Nous avions acheté une maison dans un joli quartier plein d'arbres, de verdure, de parcs. Nous pensions ainsi, ton père et moi, qu'avoir notre maison consoliderait l'idée que nous avions du foyer familial et qu'ainsi les lézardes de notre couple disparaîtraient comme par enchantement.

J'ai découvert ensuite que cette démarche est aussi absurde que celle qui conduit un couple à avoir un enfant pour régler ses problèmes! Pour avoir expérimenté ces deux options avec une certaine complaisance et par lâcheté de ne pas affronter les vraies raisons de nos discordes, je peux te dire que ces pièges se referment toujours sur ceux qui croient y échapper. En fait, ce que nous refusions de faire à travers ce processus de colmatage, c'était de nous plonger en nous-mêmes. Nous aurions ainsi mieux appris qui nous étions et pourquoi nous nous heurtions. Les êtres sont formés de leur caractère, de leur éducation et de leur constante évolution, par rapport à eux-mêmes et aux autres. Cela donne un nombre incroyable de possibilités de comportements. C'est un vrai jeu de loto. À travers tout cela, le paradoxe veut qu'on se choisisse des conjoints soit totalement différents des personnes qui ont formé l'environnement familial, soit semblables, soit, encore, des êtres proches de nous au moment de la rencontre, soit qui nous sont complètement opposés. Confusion, chaos, hasard, voilà comment on forme un couple et on donne la vie. Cela ressemble furieusement à la course des spermatozoïdes vers l'ovule!

Séparation. Nous t'avons imposé cette déchirure. C'est moi qui en ai pris l'initiative, non sans tristesse pour les chagrins que je provoquais. Je ne peux me remémorer cette partie de ma vie sans revivre, dans ma tête et mon corps, cette douleur que je t'infligeais, ma douceur, mon émoi.

Ensuite, j'ai toujours essayé de te protéger des soubresauts de ma trépidante existence. Ton père a fait de même. Il t'a inculqué le goût de la nature. Il a fait de toi une ornithologue avertie, une promeneuse des bois à l'œil expert: Ça? C'est pas du sapin, c'est de l'épinette!

Par la grâce qui t'a été donnée, tu as également fait ta part, te tenant en équilibre entre nos deux vies. Tu as développé cette capacité d'aller ouvertement vers chacun, en ne trahissant personne. Tu nous acceptais comme nous étions.

La période la plus difficile pour toi fut, à cause de cette séparation, ton entrée à l'école. Tu as peiné les trois ou quatre premières années. Il m'est alors revenu à la mémoire toutes les difficultés que j'avais vécues à m'adapter à l'Europe, moi, la petite sauvageonne. On avait cassé ma vie, comme j'avais cassé la tienne. Je mis les bouchées doubles, je jonglais avec le temps pour être avec toi le plus souvent possible. Nous travaillions ensemble les tables de multiplication (les avais-je assez détestées!), les fractions (le cauchemar!), les verbes. Les réussites et les défaites étaient prétextes à fêter.

Pour chasser le stress et le désarroi d'un changement brutal dans la sécurité de ton existence, tu avais choisi de te retrancher dans l'imaginaire. Plutôt que d'écouter, tu rêvais.

Tu étais raisonnable, sage, mais avec un caractère bien trempé. Tu as fugué un jour de l'école à cause d'une injustice qui t'était faite. Tu écoutais autant que tu pouvais revendiquer. Tu as vite compris le poids que tu pouvais tirer d'une bonne négociation...

Tu aimais te déguiser, monter des *pestacs*, faire partie de la troupe d'improvisation de l'école. L'amitié fut toujours un atout primordial, d'autant plus développé que tu étais une enfant unique. Tu as encore des liens serrés avec des amies de la garderie ou de l'école primaire, des amitiés de plus de vingt ans! Tu es fidèle à l'amitié consentie.

Le secondaire fut une découverte. N'être plus un petit enfant surveillé constamment te convenait mieux. La variété des matières et des professeurs donnait de l'ampleur au monde que tu découvrais. Tu prenais peu à peu conscience de ton envergure. Tu participais à tout, prenant le leadership pour l'organisation de festivités, écrivant des sketches, interprétant des rôles dans les pièces montées par l'école. Tu as appris à mener toutes tes activités de front. Tu avais d'excellentes notes, de la popularité auprès de tes compagnes, de la jeunesse plein les bras. Ma fierté, ma joie, tu me rendais les bienfaits de la patience, de la confiance, de la tendresse, du travail des premiers moments difficiles.

Ensuite, je fus plus une amie, une *coloc* qu'une mère. Nous avons quitté la banlieue pour la ville. Tu as laissé derrière toi la maison de ton enfance, sans une larme, comme une peau devenue inutile. La ville devenait une nouvelle étape, une nouvelle conquête à faire. Tu te rapprochais du bouillonnement créateur, du vrai mélange humain où les gens n'étaient plus, comme en banlieue, répertoriés et catalogués.

Tu découvrais le chaos amoureux, les choix d'études sous-tendus par des choix de carrière, la responsabilité de se construire une vie. Tu devenais adulte. Je faisais le chemin inverse, délaissant mes rôles à responsabilités pour revenir à l'adolescence, avec toute la jubilation de retrouver ma liberté, la joie de balancer les contraintes. Paradoxalement, nous avions la même vie, des amants, du travail, des amis, des sorties. Nous nous retrouvions parfois pour passer une journée pyjama, rien qu'à nous, peuplée de conversations, de petits plats, de films loués, de bouquins à lire, de jambes à épiler! J'aimais tes amis, ces grandes conversations sur la vie que nous avions autour d'un spaghetti. Nous portions les mêmes jeans, les mêmes tee-shirts, et mes idéaux de jeunesse revenaient dans la bouche de ta génération. La continuité était assurée, le reste n'était que de petits bonheurs à puiser au quotidien.

Tu bâtis maintenant ta propre vie avec l'homme que tu aimes et que tu sembles avoir choisi avec soin, intelligence et délicatesse. Tu as une petite fille qui te ressemble tellement que cela me bouleverse. Je peux donc maintenant me choisir une nouvelle voie, aller vers d'autres découvertes, d'autres horizons. Tu m'en voudras peut-être de ne pas être une grand-mère présente et attentive. Je le voudrais que je ne pourrais plus l'être bientôt. Je pars donc en paix. Tu as tout en toi pour trouver le bonheur. Je vais me battre contre d'autres moulins à vent, les injustices des hommes qui laissent crever les trois quarts de l'humanité. Même sans illusion sur l'âme humaine, je préfère donner un sens de naïve bonté à ma vie.

Lettre à moi

DEPUIS PEU, J'ÉPROUVE LE BESOIN irrépressible de regarder la vie passer, de laisser mes idées prendre tout l'espace ordinairement occupé par le quotidien et ses contingences.

Je m'installe alors dans un bistrot ou mieux, dans une pâtisserie. L'odeur du pain chaud, mélangée à celle du café et du chocolat, me rend la vie plus humaine, plus vraie, plus joyeuse. L'enfant et la femme font alliance en moi contre la machine à produire qu'on m'a obligée à devenir...

Je suis dès lors rêveuse. J'oublie la partie *lobotomisée* de ma vie, celle qui ferme sa gueule et qui endure. C'est vivre ça? Non, vivre, c'est être assise dans la pâtisserie, le regard en éveil.

Il y a de vieilles dames qui ont gagné le droit d'avoir du temps hors du temps à dépenser devant un café ou une tisane et un baba au rhum. Il y a quelques enfants aux rires enchanteurs, barbouillés de crème et dont les mères font cercle autour d'un thé et d'une tarte aux pommes. Elles parlent de maris, de bébés et du prix des langes jetables.

Deux ou trois hommes, quelque peu *rosés*, sont perdus dans ce gynécée. Ils sont peut-être venus chercher un parfum de famille qui manque à leur vie solitaire. Ils ont l'air doux, paisible, heureux, un œil sur le journal, l'autre sur les jeunes mamans.

Des serveuses en tablier de dentelles industrielles veillent, en vestales souriantes, sur ce monde de béate tranquillité.

Dans le fond de la salle, assise sous le miroir qui reflète la scène comme dans un tableau de Renoir, il y a moi. Je sors de chez mon médecin favori. Il m'a reçue avec un regard bleu cobalt et un sourire à faire damner une patiente! Il aime les arts, cela nous donne un sujet de conversation avant d'entamer la partie triviale de nos rencontres : la machine humaine. Je l'aime parce qu'il est simple, parce qu'il prend le temps de me regarder vraiment. Je ne suis pas un numéro interchangeable ou une lettre à classer, je suis un être vivant, pensant, souriant et souffrant.

Cette fois-ci, il a parlé peinture plus longtemps qu'à l'accoutumée. Il se donnait du temps. Les résultats de mes analyses ne devaient pas lui plaire trop, trop.

J'attendais toujours le Prince charmant de mon enfance. Celui qui me prendrait dans ses bras en me disant que le monde n'existait plus puisque nous vivions désormais hors des murs de l'avancée terrestre. Mais voilà qu'il a pris le visage de l'incertitude : la machine se détraque lentement.

C'est bizarre, cela ne m'effraye même pas. J'ai dû consoler le docteur dont le bleu des yeux s'était légèrement embué. Au contraire, savoir qu'il y aura sans doute une échéance, semblable au *dead line* d'une émission de télévision, me donne plus que jamais l'envie exigeante de réaliser mes derniers rêves. La dernière porte n'est plus très loin, mais la vie me laisse la chance de faire un dernier tour de piste.

Assise à cette petite table, un café froid devant moi, j'essaye de contempler ma vie comme un pilote regarde, en bas, sa maison. Elle n'a que le mérite d'être *ma* vie, incrustée en moi comme mes gènes. Que je l'aime ou non, cela n'a désormais plus beaucoup d'importance. C'est peut-être pour cela que je n'éprouve plus de sentiments violents. Mépris, cynisme, haine, amour, passion ont fait place à une ironique amitié envers moi-même, une douce et chaude tendresse pour ceux et celles que j'aime. Le reste, je m'en fous complètement.

Je me disais souvent que j'aimerais disparaître d'un coup, soufflée par le temps, avec l'élégance de la feuille d'automne quittant sa branche maternelle. Pourtant, maintenant, je remercie le destin de me donner encore un peu de temps. Je vais pouvoir mettre de l'ordre, saluer les amis, bavarder encore avec ma fille, dire à tous mon affection et ma reconnaissance pour ce qu'ils m'ont donné. Je vais trier mes souvenirs, me préparer avec soin à cette rencontre, la plus grandiose qui soit, celle qu'on fait en bout de piste avec soi-même.

Aurais-je été à la hauteur de mes aspirations? Non, probablement pas, parce que j'ai toujours misé trop gros. L'ambition est un carburant qui permet de donner un élan et une direction à sa vie. Mais, dans le fond, qu'est-ce qui est vraiment important?

Le travail? Oui, beaucoup. Surtout la création dans le travail. Peu importe ce qu'on fait, pourvu qu'on puisse y mettre de nous-même, en modelant notre travail à notre personnalité. C'est plus important que de réussir financièrement et glorieusement, car se réaliser pleinement ne se peut qu'à travers le miroir de la création.

L'amour? Oui, essentiellement. En donner, en recevoir, c'est vital et extrêmement difficile. Il y a tant d'éléments qui interviennent dans ce petit mot de rien du tout: amour. Cinq petites lettres qui arrivent à bousiller une vie, la mettre en lambeaux ou, au contraire, à faire chanter chaque instant pour que les tympans en pètent de bonheur. L'amour pour un homme ou l'amour pour un enfant, peu importe ce qui arrive ensuite, on le porte à jamais au creux de l'âme, avec son poids de joies, de chagrins et de regrets.

L'amitié? Un bijou, un talisman indispensable pour contrer les mauvais jours et embellir plus encore les autres. C'est un baume sur nos fautes.

L'argent? Une invention pour permettre le libre cours des plus mauvais penchants humains et oublier les solidarités. Quand j'en ai eu, cela m'a donné des facilités matérielles, de la sécurité. Quand j'en ai manqué, j'ai dû inventer pour m'en passer.

Et au-dessus de tout, il y a l'aventure. Si nous avons la possibilité de mettre de la création dans notre travail ou nos loisirs, c'est l'aventure qui nous attend chaque jour qui est la création de la vie. Qu'on l'appelle hasard, destin, peu importe, tous ces imprévus, petits ou grands, recherchés ou non, qui pimentent nos existences, sont les vrais ferments de la vie.

L'Afrique, l'Europe, l'Amérique m'ont offert de grandes aventures, de belles conquêtes. Qu'elles aient été voulues ou non ne change rien, j'ai été pétrie, burinée par ces terres, ces cultures. Je regrette de n'avoir pas eu l'occasion d'aller en Asie. J'aurais aimé vivre au Vietnam, visiter le Népal et le Tibet. Je crois qu'il faudra que je revienne une autre fois pour cela! À moins que le monde qui se détricote sous mes yeux n'ait pris un style trop violent. Quand il y a trop d'animaux dans une cage, ils s'entre-tuent. Quand il y aura trop de milliards d'humains, que se passera-t-il? Je hais l'idée que l'humain devienne un accessoire au service de systèmes politiques et économiques, quels qu'ils soient. Je hais les multinationales et les banques qui ramassent des milliards de profits en jetant les travailleurs à la porte. Je hais l'idée que le seul baromètre de nos sociétés soit le fric...

～

Pour échapper à cette souffrance, la dernière, j'ai le projet de retourner quelque temps d'où je viens, l'Afrique. Délaissée par les nations riches, elle se meurt de misère, de guerres et du sida.

Je souhaite revivre l'ambiance des petits villages, des marchés, voir les enfants jouer dans les rivières, jusqu'à ce que ma vie s'éteigne et que je demeure à jamais auprès d'Agnès, de Bouma, de Louis, de Joseph et des autres.

Je vois déjà sous le soleil de la saison sèche, sur la route rouge de poussière de latérite, la petite fille surmontée, tel un champignon, d'un casque colonial blanc qui me fait signe : « Tu viens Martine ? »

TABLE DES MATIÈRES

Les Éditions L'Interligne
261, chemin de Montréal, bureau 310
Ottawa (Ontario) K1L 8C7
Tél. : 613-748-0850 / Téléc. : 613-748-0852
Adresse courriel : commercialisation@interligne.ca
www.interligne.ca

Directrice de collection : Michèle Matteau

Œuvre de la page couverture : Shutterstock
Graphisme : Melissa Casavant-Nadon
et Estelle de la Chevrotière Bova
Correction des épreuves : Danielle Chassé
Distribution : Diffusion Prologue inc.

Les Éditions L'Interligne bénéficient de l'appui financier du Conseil des Arts
du Canada, de la Ville d'Ottawa, du Conseil des arts de l'Ontario et de la
Fondation Trillium de l'Ontario. Nous reconnaissons l'aide financière du
gouvernement du Canada par l'entremise du Fonds du livre du Canada (FLC)
pour nos activités d'édition.

Les Éditions L'Interligne sont membres du Regroupement des éditeurs
canadiens-français (RECF).

artsVest Ontario est géré par Les affaires pour les arts avec le soutien
du gouvernement de l'Ontario, de la Fondation Trillium de l'Ontario et
Patrimoine Canada.

MARQUIS

Québec, Canada

RECYCLÉ
Papier fait à partir
de matériaux recyclés
FSC® C103567

Imprimé sur du papier Enviro 100% postconsommation
traité sans chlore, accrédité ÉcoLogo et fait à partir de biogaz.

*Ce livre est publié aux Éditions L'Interligne à Ottawa
(Ontario), Canada. Il est composé en caractères Adobe Caslon
Pro, corps douze, et a été achevé d'imprimer sur du papier
Enviro 100% recyclé par les presses de Marquis imprimeur
(Québec), 2014.*